康养产业理论与实践系列研究 · 总主编 张旭辉

KANGYANG CHANYE
TOURONGZI JIZHI YANJIU

—

康养产业
投融资机制研究

房红 张旭辉 / 著

中国财经出版传媒集团
经济科学出版社
Economic Science Press
·北京·

图书在版编目（CIP）数据

康养产业投融资机制研究/房红，张旭辉著．--北京：经济科学出版社，2023.12
（康养产业理论与实践系列研究/张旭辉总主编）
ISBN 978 - 7 - 5218 - 5184 - 7

Ⅰ.①康…　Ⅱ.①房…②张…　Ⅲ.①养老 - 服务业 - 投融资体制 - 研究 - 中国　Ⅳ.①F726.99

中国国家版本馆 CIP 数据核字（2023）第 183773 号

责任编辑：刘　丽
责任校对：郑淑艳
责任印制：范　艳

康养产业投融资机制研究

房　红　张旭辉　著

经济科学出版社出版、发行　新华书店经销

社址：北京市海淀区阜成路甲 28 号　邮编：100142

总编部电话：010 - 88191217　发行部电话：010 - 88191522

网址：www. esp. com. cn

电子邮箱：esp@ esp. com. cn

天猫网店：经济科学出版社旗舰店

网址：http://jjkxcbs. tmall. com

北京季蜂印刷有限公司印装

710 × 1000　16 开　13 印张　180000 字

2023 年 12 月第 1 版　2023 年 12 月第 1 次印刷

ISBN 978 - 7 - 5218 - 5184 - 7　定价：68.00 元

（图书出现印装问题，本社负责调换。电话：010 - 88191545）

（版权所有　侵权必究　打击盗版　举报热线：010 - 88191661

QQ：2242791300　营销中心电话：010 - 88191537

电子邮箱：dbts@ esp. com. cn）

康养产业理论与实践系列研究

编 委 会

▶ 总　序 ◀

一、肇始新路：迈步新时代的中国康养产业

就个人而言，健康既是最基本的需要，又是最终极的需要；就社会而言，健康既是人类一切经济社会活动得以展开的前提，也是经济社会发展的最终目标。作为5000年辉煌文明绵延不绝的国家，中华民族早自商周时期，便开始了对各类强身健体、延年益寿方术的探究，其后更开创了深具辩证思想与中华特色的传统医学体系和养生文化。我国传统医学中"治未病"的思想及其指导下的长期实践，在保障国民身体健康中持续地发挥着巨大的作用。相对于西方医学，传统中国在强身健体领域的理论与实践内在地契合现代医疗健康理念从疾病主导型向健康主导型的转变趋势。

但受制于发展水平和物质技术条件的限制，"早熟而晚成"的传统中国，长期陷入"低水平均衡陷阱"而难以自拔。亿兆生民虽终日劳碌仍求温饱而难得，更遑论对健康长寿的现实追求。逮至16～18世纪中西方发展进入"大分流"时代，双方发展差距渐次拉大。西方政治—经济—军事霸权复合体携炮舰与商船迅速叩开古老中国的大门。白银的长期外流摧毁了晚清的经济体系，鸦片的肆虐则同时摧毁了国民的身体与精神。

由是，国民之健康与否不再仅仅是一种个体的表现，而是成为国家机体是否健康的表征，深切地与中国能否作为一个合格的现代国家自立于世界民族之林这样的宏大命题紧密关联。是以，才有年轻的周树人（鲁迅）受激于国民的愚弱，愤而弃医从文，以求唤起民众，改造精神。

是以，才有青年毛泽东忧于"国力茶弱，武风不振，民族之体质，日趋轻细"，愤而发出"文明其精神，野蛮其体魄"的呼声。彼时，帝制已被推翻，民国得以建立。然而先是军阀混战，继而日寇入侵，兵连祸结，民不聊生。内忧外患之下，反动贪腐的国民政府自顾尚且不暇，又何来对国民健康之关注与投入。

直到1949年中华人民共和国成立，中国之医疗卫生事业才得以开启新路。在中国共产党的领导下，新中国医疗卫生事业取得了辉煌的成就，被世界卫生组织誉为"发展中国家的典范"。计划经济时期，通过三级医疗卫生服务体系、"赤脚医生"、合作医疗等制度创新和独特实践在全国范围内建立了全球规模最大的公共卫生体系，保障了全体人民都能享受到最基本、最公平的医疗服务。改革开放时期，医疗卫生事业市场化改革深入推进，医疗卫生机构被赋予更多自主权，民间资本得以允许举办医疗机构，大幅拓宽了医疗卫生资源的供给渠道，缺医少药情况有了根本性的改观。同时，启动多轮医改，力求探索出"医改这一世界性难题的中国式解决办法"，以建设好"维护十几亿人民健康福祉的重大民生工程"。

进入新时代，我国社会的主要矛盾由"人民日益增长的物质文化需要与落后的社会生产之间的矛盾"转化为"人民日益增长的美好生活需要和不平衡不充分的发展之间的矛盾"。广大人民群众对健康的需要进一步提升。"民之所忧，我必念之；民之所盼，我必行之"。2015年，"健康中国"上升为国家战略；2016年，《"健康中国2030"规划纲要》出台；2021年，《中华人民共和国国民经济和社会发展第十四个五年规划和2035年远景目标纲要》对全面推进"健康中国建设"进行了专门部署；2022年，党的二十大报告再次强调"推进健康中国建设，把保障人民健康放在优先发展的战略位置"。中国的卫生健康事业正按照习近平总书记"树立大卫生、大健康的观念"的要求，从"以治病为中心转变为以人民健康为中心"。狭义的医疗卫生事业也扩展为大健康产业，其内涵、外延均变得更加丰富。作为"健康中国"五大建设任务之一的"健康产业发展"，在新时代得以开启蓬勃发展的新阶段。

二、道启新篇：康养产业发展亟需理论与实践创新

人民健康是民族昌盛和国家富强的重要标志。推进"健康中国"建设，既是全面建成小康社会、基本实现社会主义现代化的重要基础，更是全面提升中华民族健康素质、实现人民健康与经济社会协调发展的时代要求。推动康养产业发展构成了推进"健康中国"战略的重要抓手。然而客观地评价，虽然发展康养产业日渐成为投资热点，但总体上仍处于较为粗放的发展阶段。与之相对照，学术界对康养产业的关注虽持续走高，但同样处于起步阶段。现有成果主要集中在对康养产业的概念、内涵以及各地康养产业发展现状和前景的描述性分析上。对康养产业结构演进趋势、发展业态、发展模式、评价指标体系等的研究尚待深入。在康养政策法规、技术与服务标准等对产业发展具有重要支撑作用的研究领域尚未有效开展。新时代我国康养产业的高质量发展亟需理论与实践的双重创新。

在这样的背景下，"康养产业理论与实践系列研究"丛书的付梓可谓恰逢其时。丛书共包括六本，既相互独立又具有内在的逻辑关联；既注重对康养产业发展基础理论体系的构建，也兼顾对典型实践探索的经验总结；既注重对现有理论的充分借鉴并结合康养产业实际，对康养产业发展动力机制、投融资机制、发展模式与路径展开深层的学理化阐释，也兼顾产业竞争力评价、发展政策、产业标准等方面的应用性研究。丛书突破单一研究视野狭窄、以个案式分析为主的不足，构筑了一个较为完整的康养产业发展理论与实践体系。

具体而言，《康养产业发展理论与创新实践》起着总纲的作用，分康养产业发展理论与康养产业创新实践上下两篇。理论部分从宏观视角回顾了我国康养产业发展的历史脉络与发展趋势、国内外康养产业典型经验，构建了康养产业的产业经济学研究框架和公共经济学研究框架，建立了康养产业发展的理论基础，对康养产业统计检测与评价体系等进行了深入的分析。产业实践部分对攀枝花、秦皇岛、重庆石柱等的康养产业创新探索进行了总结提炼。《康养产业发展动力机制与模式研究》采用

宏微观结合的研究视角，分析康养产业产生的经济社会背景，聚焦于康养产业融合发展的动力机制的学理分析和典型模式的经验总结，并对未来康养产业的演进趋势展开前瞻性分析。康养产业涉及范围广、投资周期长，其高质量发展对于大规模资金的持续有效投入有较高的需求。《康养产业投融资机制研究》从康养产业的产业属性出发，构建了多主体参与、多方式协调配合的投融资体系。《康养产业竞争力评价研究》构建了一个涵盖自然资源、医疗资源、养老服务、政策环境等因素的产业竞争力评价体系，从而为不同区域甄别康养产业发展优势和不足提供了一个可供参考的框架，也为差异化的政策设计提供了参考。科学而具有前瞻性的产业发展政策是康养产业高质量发展的重要支撑。《中国康养产业发展政策研究》以时间为序，从康养产业财税政策、金融政策、土地供应、人才政策、医养结合政策、"康养＋"产业政策六大方面对政策分类进行了系统的整理、统编、评述和前瞻，全面总结了中国康养产业发展政策方面的现有成果，并就未来政策的完善与创新进行了深入的分析。《康养产业标准化研究》则充分借鉴国际经验，结合我国的实际，就康养产业标准化的内容与体系、标准化实施与效果评价展开分析。

尤需说明的是，丛书作者所在的城市——攀枝花市是我国典型的老工业基地和资源型城市，有光荣的传统和辉煌时期。进入新时代，显然需要按照新发展理念构建新的格局，探索新的发展动力，创新发展业态，由此康养产业应运而生，也成为了我国康养产业发展的首倡者、先行者与引领者，其在康养领域多维多元的丰富实践和开拓创新为产业界和学术界所关注。丛书的作者均为攀枝花学院"中国攀西康养产业发展研究中心"——四川省唯一一个以康养产业为主题的省级社科重点研究基地的专兼职研究人员。也正是在这个团队的引领下，攀枝花学院近年来深耕康养研究，成为国内康养研究领域发文数量最多的研究机构。而"康养产业理论与实践系列研究"丛书，正是诞生于这样的背景之下，理论探索与实践开拓相互促进，学术研究与区域发展深度融合，可谓扎根中国大地做学问的一个鲜活示范。该丛书的出版，不仅对于指导本地区的康养产业高质量持续发展，而且对全省乃至全国同类型地区康养产业的发展都有指导和借鉴的意义。

　　展望未来，康养产业具有广阔的发展前景，是一个充满机遇与挑战的领域，需要我们以开放的心态和创新的思维去面对和解决其中的问题。随着技术的不断创新、政策的不断优化、人们健康观念的不断提升，康养产业将会在未来发挥更加重要的作用。同时，也需要我们不断探索、不断实践，推动康养产业的健康发展，"康养产业理论与实践系列研究"就是一次有益的尝试和探索。相信今后在各方的共同努力下，我国的康养产业将会迎来更加美好的明天。

　　是以为序，以志当下，更待来者！

2023 年 9 月 20 日于成都

▶ 前　言 ◀

　　21 世纪以来，随着我国经济的快速发展和人民生活水平的不断提高，广大人民群众对于健康的需求日益凸显。2015 年"健康中国"上升为国家战略；2016 年 8 月，习近平总书记在全国卫生与健康大会上强调，要把人民健康放在优先发展的战略位置，把"以治病为中心"转变为"以人民健康为中心"，以普及健康生活、优化健康服务、完善健康保障、建设健康环境、发展健康产业为重点，加快推进"健康中国"建设；2016 年 10 月，国务院印发《"健康中国 2030"规划纲要》指出，健康是促进人的全面发展的必然要求，要遵循"健康优先"原则，把健康摆在优先发展的战略地位；2020 年 5 月，中共中央、国务院印发《关于新时代推进西部大开发形成新格局的指导意见》，提出"支持西部地区依托风景名胜区、边境旅游试验区等，大力发展旅游休闲、健康养生等服务业，打造区域重要支柱产业"。2020 年 10 月，《中共中央关于制定国民经济和社会发展第十四个五年规划和二〇三五年远景目标的建议》对全面推进"健康中国建设"和"实施积极应对人口老龄化"国家战略进行了专门部署；2022 年 12 月，中央经济工作会议指出，要把恢复和扩大消费摆在优先位置，支持养老服务等消费；2022 年 12 月，中共中央、国务院印发《扩大内需战略规划纲要（2022—2035 年）》，提出要采取措施不断增加养老服务消费。

　　"健康中国"战略的提出与实施，为康养产业发展提供了优越的政策环境，直接助推康养产业成为近年来发展迅猛的新兴产业。不少地方政府在中央政府出台的政策基础上继续出台支持当地康养产业发展的政策文件，这进一步助推了康养产业的发展，使得我国康养产业在近年来呈现出日益蓬勃的发展态势。在康养产业的发展实践中，康养产业又被赋予了乡村振兴的职能，为生态资源丰富的地区提供了经济发展的动力，成为一些具有优越资源的农村地区实现乡村振兴的重要手段。康养产业的蓬勃发展也对社会资本形成较大的吸引力，成为社会资本日益重要的投资领域。但相对于产业发展的需求，相对于"健康中国"战略实施的需要，目前我国康养产业仍存在着资金不足的发展瓶颈，亟须通过投融资机制的完善加以解决。深入研究我国康养产业投融资机制存在的问题，进而提出完善与优化的目标、对策以及有针对性的政策建议，既是我国康养产业实现可持续发展的现实需要，也是深入推进"健康中国"战略的客观要求、积极应对人口老龄化的必然选择、推动实现乡村振兴的重要途径。

"健康中国"战略下我国康养产业实践日渐兴盛，而其理论研究严重滞后。本书专门针对康养产业投融资机制体系开展研究，构建了一个相对完整的理论研究框架，开展系统性的理论研究，是对康养产业理论的一个重要补充和完善，具有重要的学术价值，有助于夯实康养产业相关理论研究基础，推进康养产业理论创新。

发展康养产业对于带动我国现代服务业发展、应对人口老龄化难题、改善民生、推动经济绿色转型、助推乡村振兴和共同富裕具有重要的现实意义。本书有针对性地提出我国康养产业投融资机制优化的具体对策建议，能够为政府决策提供理论依据和决策参考，有助于推动我国康养产业加快形成更加科学的投融资机制，从而增强康养产业发展的内生动力，使我国康养产业实现持续健康发展。

本书的创新点包括以下两个方面：一是在研究视角方面的创新。目前国内外关于康养产业的研究有多个视角，但专门针对康养产业投融资机制开展的研究比较少，本书聚焦康养产业投融资机制，在研究视角方面具有一定创新性。二是在研究内容方面的创新。本书在对康养产业投融资机制的内在机理进行深入分析的基础上，剖析我国目前康养产业投融资机制存在的问题，最终提出我国康养产业投融资机制优化的具体路径与政策建议，在研究内容方面具有一定创新性。

　　本书在撰写过程中也存在一些不足：一是由于目前国内外尚未对"康养产业"的内涵与外延形成统一的认识，国内只有对"健康产业"和"养老产业"的统计分类标准，分别为《健康产业统计分类（2019）》和《养老产业统计分类（2020）》，还没有专门针对"康养产业"的统计分类，导致书中"康养产业"的相关统计数据不够全面、不够新颖；二是尽管近年来"康养产业"越来越成为国内的一个研究热点，但相关的研究成果还不够丰富，特别是关于"康养产业投融资"方面的研究成果较少，导致可供参考的资料不够丰富，这也在一定程度上影响了本书写作的深度。

　　经济科学出版社刘丽女士为本书的出版付出了辛勤的劳动，在此表示由衷的感谢。

　　由于笔者学识所限，疏漏在所难免，敬请广大读者批评指正。

房　红　张旭辉

2023 年 9 月 8 日

▶ 目 录 ◀

第1章 绪 论

1.1 研究背景与问题的提出

1.1.1 研究背景

健康是人类永久追求的目标，也是社会进步和民族昌盛的重要标志。为积极应对人口老龄化，稳步提高健康预期寿命，世界卫生组织长期以来大力提倡"健康老龄化"的理念，1987 年世界卫生组织首次提出"健康老龄化"，2015 年，世界卫生组织在其发布的《关于老龄化与健康的全球报告》中，将"健康老龄化"定义为"发展和维护老年健康生活所需的功能发挥的过程"。2016 年，联合国正式启动《2030 年可持续发展议程》，指出人类健康可持续发展的目标是：确保健康的生活方式，促进各年龄段人群的福祉。近年来，我国人口老龄化程度不断深化。根据 2022 年 10 月国家卫生健康委员会老龄司发布的《2021 年度国家老龄事业发展公报》，截至 2021 年底，我国 65 岁及以上老人超过 2 亿，在总人口中占比为 14.2%。这标志着我国已经超过 14% 的深度老龄化标准，正式步入深度老龄化社会。同时，《2021 年度国家老龄事业发展公报》还显示，预计到 2035 年左右，我国 60 岁及以上人口将突破 4 亿，在总人口中的占比将超过 30%，我国将进入重度老龄化阶段。另外，根据国家卫生健康委员会公布的数据，2022 年我国国民平均寿命为 77.93 岁。《"十四五"国民健康规划》指出，2035 年我国国民人均寿命将达到 80 岁以上，并将呈现逐步提高的发展态势。人口老龄化程度的不断深化导致我国老年人口抚养比持续走高，2021 年，我国老年人口抚养比已经高达 20.82%（国家统计局，2021）；另外，发达国家康养产业的发展经验表明，人均 GDP 达到 5000 美元时，健康消费将成为家庭消费的重要增长点，人均 GDP 达到 8000 美元后，将会出现消费升级的趋势（海川，2018）。2021 年我国人均 GDP 已经超过 1.2 万美元，达到 12556 美元。另外，国民健康状况调查结果显示：我国有高达 75% 的居民处于亚健康状态，有 20% 的居民处于患病状态，而处于健康状态的仅占 5%（王欣等，2020）。随着老龄化社会的到来，各种慢性疾病将扩展到更多家庭，康养产业面临全龄化的市场需求。从出生后的各个年龄层次、健康到亚健康状态、病患、需要临终关怀的群体等，都有着程度不同、类型各异的康养需求，社会各个群体都属于康养的范围。近几年新冠疫情的持续肆虐，也进一步强化了人们对于健康的关注，康养产业的需求已经达到前所未有的高度。我国康养产业的发展实践表明，康养产业已经被赋予新的功能，在实施乡村振兴战略、巩固脱贫攻坚成果方面发挥着重要作用。2020 年 6 月，生态环境部、农业农村部、国务院扶贫办联合发布《关于以生态振兴巩固脱贫攻坚成果 进一步推进乡村振兴的指导意见（2020—2022 年)》，提出要鼓励发掘生态涵养、休闲观光、文化体验、健康养老等生态功能，利用"生态＋"等模式，推进生态资源与旅游、文化、康养产业融合。康养产业属于环境友好型产业，符合当下国家提出的绿色发展理念，在推动原有产业升级改造的过程中具有显著意义（何莽，2021）。另外，根据《扩大内需战略规划纲要（2022—2035 年)》及《"十四五"扩大内需战略实施方案》，积极发展服务消费是全面促进消费、加快消费提质升级的重要途径，康养产业是涵盖养老服务、医疗健康服务等领域的典型的服务业，实施扩大内需战略要求我们积极推动康养产业的发展。总之，随着我国人口老龄化程度的不断加深，亚健康人群的不断增多，人民可支配收入的不断提高而带来的消费结构的持续升级，广大人民群众对于康养产业的需求日益凸显。同时，积极发展康养产业也是实施乡村振兴战略和巩固脱贫攻坚成果、实现经济绿色转型、实施扩大内需战略等的内在要求。

适应以上产业发展需求，党的十八大以来，我国将发展康养产业提高到国家战略的高度，相继出台一系列政策予以支持，政策红利持续释放。2013 年 9 月，《国务院关于加快发展养老服务业的若干意见》指出，积极应对人口老龄化，加快发展养老服务业，不断满足老年人持续增长的养老服务需求，是全面建成小康社会的一项紧迫任务。2013 年 10 月《国务院关于促进健康服务业发展的若干意见》指出，健康服务业覆盖面广、产业链长。加快发展健康服务业，是改善民生、提升全民健康素质的必然要求，是进一步扩大内需、促进就业、转变经济发展方式的重要举措，对稳增长、调结构、促改革、惠民生，全面建成小康社会具有重要意义。2015 年 10 月，党的十八届五中全会明确提出了"推进健康中国建设"的任务，自此"健康中国"上升为国家战略。2016 年 8 月，习近平总书记在全国卫生与健康大会上强调，"没有全民健康，就没有全面小康"。要"将健康融入所有政策"，加快推进健康中国建设，努力全方位、全周期保障人民健康，为实现"两个一百年"奋斗目标、实现中华民族伟大复兴的中国梦打下坚实的健康基础。2016 年 10 月，《"健康中国2030"规划纲要》印发并实施，提出通过发展健康产业等方面推进健康中国建设，未来 15 年是推进健康中国建设的重要战略机遇期。要遵循"健康优先"原则，把健康摆在优先发展的战略地位，立足国情，将促进健康的理念融入公共政策制定实施的全过程，实现健康与经济社会良性协调发展。到 2030 年，健康产业规模显著扩大，成为国民经济支柱性产业，主要健康指标进入高收入国家行列。到 2050 年，建成与社会主义现代化国家相适应的健康国家，将"加快健康产业发展"列为健康中国五大建设任务之一，将"推进老年健康产业发展"列为健康老龄化九大任务之一。2017 年 10 月，党的十九大报告提出，进一步明确"健康中国战略"的优先发展地位，要"实施健康中国战略"，"积极应对人口老龄化，构建养老、孝老、敬老政策体系和社会环境，推进医养结合，加快老龄事业和产业发展"，完善国民健康政策，为人民群众提供全方位、全周期的健康服务，发展健康产业。2019 年 7 月，《国务院关于实施健康中国行动的意见》和《健康中国行动（2019—2030 年）》印发，旨在加快推动从"以治病为中心"转变为"以人民健康为中心"，动员全社会落实"预防为主"方针，实施"健康中国"行动，提高全民健康水平，对老龄健康促进行动提出了具体的指标要求。2019 年 10 月，《关于深入推进医养结合发展的若干意见》印发，从强化医疗卫生与养老服务衔接、推进医养结合机构"放管服"改革、加大政府支持力度、优化保障政策、加强队伍建设五个方面，就解决当前医养结合中的痛点、难点、堵点、重点作出了总体安排。2019 年 10 月，党的十九届四中全会提出，积极应对人口老龄化，加快建设居家社区机构相协调、医养康养相结合的养老服务体系；同时，《关于建立完善老年健康服务体系的指导意见》印发，就建立完善老年人健康服务体系的指导思想、基本原则、主要目标提出了明确要求。2019 年 11 月，《国家积极应对人口老龄化中长期规划》发布，从积极应对人口老龄化的经济基础、劳动力供给、产品和服务、科技应对以及构建养老、孝老、敬老的社会环境等领域进行了详细阐述，提出了明确要求。2020 年 5 月，中共中央、国务院联合印发《关于新时代推进西部大开发形成新格局的指导意见》，指出西部地区应快速推进旅游业、休闲养老服务业的发展，牢牢把握旅游风景区和边境旅游先行试验区作为探索道路的基础，是构筑区域支柱产业的重要方法。这是国家政策第一次将发展康养产业定位为区域支柱性产业，康养产业在国民经济中的作用得到充分肯定（何莽，2021）。2022 年 10 月，党的二十大报告指出，要"推进健康中国建设"，完善人民健康促进政策。实施积极应对人口老龄化国家战略，深入开展健康中国行动。到 2035 年要建成"健康中国"。

在强劲的产业发展需求带动下，在以"健康中国战略"为引领的政策红利的持续推动下，2013 年至今，从中央到地方政府，扶持康养产业发展的相关政策措施不断落地实施，使得康养产业迅速发展成为一个热门的行业，不少地方政府积极挖掘自身具备的独特的康养资源，加大宣传营销力度，将康养产业确定为当地的新兴产业来发展，甚至试图借助发展康养产业实现地方经济发展模式的转型。康养产业也得到了不少社会资本的青睐，康养产业中的一些细分行业成为社会资本投资的热门领域。我国康养产业呈现出快速发展的良好态势。2018 年 2 月，《中国康养产业发展报告（2017）》指出，全国老龄办在中国康养产业发展论坛的演讲中提到，我国老年产业的规模到 2030 年将达到 22 万亿元的规模，对 GDP 拉动将达到 8%，产业远景十分可期，将成为名副其实的国家经济的支柱之一（何莽，2018）；2020 年 10 月，《中国康养产业发展报告（2019）》指出，根据相关数据保守估计，2018 年我国康养产业产值超过 6.85 万亿元，约占国内生产总值的 7.2%（何莽，2020）；2021 年 4 月，《中国康养产业发展报告（2020）》指出，康养产业在脱贫攻坚与乡村振兴中具有支撑作用，为经济区位较差但生态资源丰富的中西部地区提供了强势发展的动力（何莽，2021）；2022 年 5 月，《中国康养产业发展报告（2021）》指出，目前康养已经成为我国经济发展的新引擎，是投资领域的新焦点（何莽，2022）。根据全球康养研究院（Global Wellness Institution，GWI）发布的数据，全球健康旅游总收入近五年（2017—2022年）保持了 7.5% 的年均增长率，显著快于全球 GDP 和一般旅游业增长速度；国家林业和草原局发布数据显示，2018 年全国森林旅游总人次为16 亿；根据文化和旅游部及国家中医药管理局发布的数据，2018 年全国中医药康养旅游收入约 2000 亿元。2018 年，全国参与狭义康养旅游的人次不少于 11 亿，对应总收入达 1.7 万亿元，相当于旅游业总收入的28.5%，对 GDP 贡献率首次超过 3%（王欣等，2020）。根据中商产业研究院的统计数据，我国医疗康养旅游市场规模 2019 年突破 2000 亿元（王欣等，2020）。根据《"健康中国 2030"规划纲要》的数据，我国康养产业市场规模到 2030 年预计将达到 16 万亿元（何莽，2022）。全国老龄工作委员会的数据显示，2019 年我国养老服务市场消费需求在 3 万亿元以上，2050 年左右将达到 50 万亿元（梁云凤和胡一鸣，2019）。根据第一财经商业数据中心（CBN Data）与天猫国际联合发布的《2022 全家营养第四餐消费趋势洞察》的数据，近年来我国国内保健营养品的消费规模逐年增加，到 2021 年已经突破 3000 亿元。2020—2022 年，我国线上保健营养品的消费规模持续攀升，2022 年的线上保健营养品消费规模比2020 年接近翻了一番。尽管近年来我国康养产业发展速度较快，但由于我国康养产业进程比日美等国家晚了近 50 年，相对于这些国家，我国康养产业仍处于产业规模化发展的初期，产业发展整体水平较低，与广大人民群众日益增加的健康需求相比，与"健康中国"战略的要求相比，尚存在较大差距。我国的老龄化进程晚于日美等国家近 40 年的时间，支付能力仅为日美等国家的 1/10，政策与社会保障体系晚于日美等国家近30 年的时间，护理与商业保险晚于日美等国家近 40 年的时间，而 2019年我国老年人口规模超过日美人数的 5 倍（梁云凤和胡一鸣，2019）。从全世界来看，医药保健是世界贸易 15 类国际化产业中增长最快的五大产业之一。在发达国家，康养产业已经成为带动整个国民经济增长的强大动力。美国著名经济学家保罗·皮尔泽在《财富第五波》（*The New Wellness Revolution*）一书中预言，健康产业将成为继 IT 产业之后的全球"财富第五波"。2018 年，美国大健康产业是仅次于房地产、金融以及制造业的第四大产业，占整个 GDP 的 17.8%，加拿大、日本等国家超过了10%，而我国只有 3%，这样的数值甚至低于许多发展中国家（海川，2018）。2021 年我国保健品人均消费金额仅为 36 美元，不到美国人均消费金额的 1/7，约为日本的 1/5。相对于美国保健品市场 50% 的渗透率，我国国内的保健食品渗透率和人均消费水平还有较大的发展空间。世界卫生组织数据显示，我国人均健康支出不足美国的 5%，距离全球人均健康支出差距更大，仅为 1/5。2018 年，我国每年为老年人提供的康养生活产品只有 5000 亿~7000 亿元，有近 84% 的老年需求还未得到满足，未来康养产业发展潜力巨大。在人口老龄化不断加深的背景下，我国老年人对于社会服务的需求与日俱增，康养产业的需求空间巨大，投资价值凸显（何莽，2018）。

康养产业覆盖面广、产业链长、带动力强，积极发展康养产业，是落实"健康中国"战略的重要路径，是回应广大人民群众健康需求的民生举措，是推动康养资源富集地区产业结构调整和优化的重要手段，是乡村振兴的重要抓手，是扩大内需的重要途径，也是推动我国经济实现高质量发展的现实选择。

1.1.2　问题的提出

康养产业涉及范围广、投资回报周期长，离不开大规模资金的支持和金融媒介的融通作用，因此金融对康养产业发展有着非常重要的作用（何莽，2018）。为推动康养产业的发展，构建和优化适应康养产业的投融资机制非常关键。2016 年 7 月，《中共中央　国务院关于深化投融资体制改革的意见》明确了投融资机制创新的顶层设计；2016 年 8 月，习近平总书记在全国卫生与健康大会上强调，要科学界定政府与市场的关系，要放宽准入，拓宽投融资渠道，增加医疗卫生资源供给；2017 年 8 月，《中国城市养老指数蓝皮书 2017》指出，构建康养产业可持续发展的投融资机制的紧迫性与重要性；2018 年 3 月 15 日，十三届全国人大一次会议指出，支持社会力量增加医疗、养老、教育、文化、体育等服务供给。党的十九大以来，国家从市场准入、财税支持等多方面推动康养产业发展。在市场准入方面，《关于印发完善促进消费体制机制实施方案（2018—2020 年）的通知》和《关于完善促进消费体制机制　进一步激发居民消费潜力的若干意见》均提出，要取消养老机构设立许可，推动公办养老机构转制为企业或开展公建民营，全面放开养老服务市场。《关于积极有效利用外资推动经济高质量发展若干措施的通知》也为外资进入康养产业降低了门槛。在财税支持方面，2018 年以来国务院对养老项目建设成效明显的省市分别通过中央预算、年度福利彩票公益基金补助地方老年人福利类项目，给予中央补助和基础设施建设资金等倾斜。《关于养老、托育、家政等社区家庭服务业税费优惠政策的公告》明确了养老等社区服务税费优惠政策自 2019 年 6 月 1 日起执行至 2025 年 12 月 31 日。

适应"健康中国"战略的需要，要求康养产业实现较快速度的发展。根据汉密尔顿的幼稚产业保护理论，当一个产业处于初创期时，政府应对该产业采取适度保护的政策，以此不断提高初创期产业的竞争力。理论研究表明，产业发展处于初级阶段时，政策支持非常重要。我国康养产业目前在发展实践中存在着诸多短板，其中比较明显的短板是资金的短缺，这就需要加快优化现有的康养产业投融资机制，进一步完善对于康养产业发展的资金支持，促进我国康养产业实现高质量发展。

1.2　研究方法与内容

1.2.1　研究方法

本书以资本理论、资本积累理论、利息理论、投资理论、投资乘数理论、公共产品理论、公共财政理论、货币与投资互补论、融资结构理论等为基础，结合康养产业的产业投融资特征，研究如何通过投融资机制的优化与完善，促进我国康养产业实现持续健康发展。本书主要包括以下三种研究方法。

（1）文献研究法。系统梳理康养产业投融资机制的理论基础和国内外研究成果，总结产业投融资机制的相关理论基础，为本书写作奠定理论基础。对于康养产业投融资机制的相关国内外文献进行总结和归纳，掌握目前对于康养产业投融资机制研究所处的阶段，明确未来研究前沿与方向，使得本书的写作能够基于前人的研究成果在一定高度上开展，从而有效避免了重复研究。

（2）实地调研法和专家咨询法。选取我国康养产业发展的典型省份开展实地调研，搜集相关数据资料；将对研究领域专家进行咨询和访谈，总结其观点，为研究提供借鉴。

（3）比较分析法。将康养产业与其他产业进行比较，总结康养产业的资金投融资特征；比较纯公益性、准公益性和经营性养老健康服务产品，针对其各自特征确定不同的投融资机制体系建设内容和具体路径；选取国内外有代表性的国家和地区，通过比较，总结出这些国家和地区在康养产业投融资机制建设方面的主要政策和实践做法，为我国康养产业投融资机制的优化与完善提供借鉴。

1.2.2　研究内容

本书的主要研究内容可以分为以下四个部分。

（1）产业投融资机制相关理论的研究。系统梳理康养产业投融资机制的理论基础和研究成果，重点阐述产业投融资机制的相关理论基础，包括资本理论、资本积累理论、利息理论、投资理论、投资乘数理论、公共产品理论、公共财政理论、公共政策理论、融资结构理论等，为本书写作奠定理论基础。科学界定"康养产业""康养产业投融资机制"的内涵与外延。剖析康养产业的基本属性、康养产业发展所处产业生命周期、不同康养产业的资金供需特征，在此基础上分析康养产业的产业投融资特征，深入剖析投融资机制促进康养产业发展的内在机理。

（2）我国康养产业投融资机制发展现状的研究。首先，总结近年来我国康养产业投融资机制发展的现状。在此基础上，从政策支持现状、投资主体现状、投资方式现状、融资渠道现状等方面分析我国康养产业投融资机制发展现状，剖析存在的问题。

（3）我国康养产业投融资机制发展借鉴的研究。分析美国、英国、德国、日本等国家康养产业投融资机制发展现状，总结出可供我国借鉴的经验。

（4）优化我国康养产业投融资机制的目标与对策建议的研究。从投融资主体多元化、投融资渠道多样化、投融资制度体系完备化、投融资管理机制完善化等方面提出优化我国康养产业投融资机制的目标。在此基础上，提出优化我国康养产业投融资机制的相关对策建议。最后，从财政补偿、税收优惠、金融支持、土地供给、人才保障等方面提出优化我国康养产业投融资机制的保障政策。

1.3 研究目的与意义

1.3.1 研究目的

本书的研究目的可以概括为以下两个方面。首先，在理论研究方面，基于资本理论等产业投融资相关的理论基础，在系统总结康养产业投融资机制的国内外研究现状的基础上，对于康养产业投融资机制进行理论研究综述。揭示通过投融资机制促进康养产业持续健康发展的内在机理，从而构建一个比较完整的对康养产业投融资机制开展理论研究的理论框架，并基于此框架对于我国康养产业投融资机制开展系统性的理论研究；其次，在实践研究方面，本书将结合我国康养产业发展实际，分析目前我国康养产业投融资机制中的短板与制约因素，并基于此提出我国康养产业投融资机制优化的目标，提出优化的具体的推进路径以及具体的保障政策建议。

1.3.2 研究意义

本书将专门针对康养产业投融资体系开展研究，构建一个相对完整的理论研究框架，开展系统性的理论研究，是对康养产业投融资理论的一个重要补充和完善，具有重要的学术价值。

另外，发展康养产业对于带动现代服务业发展、应对人口老龄化问题、改善民生、推动乡村振兴、实现经济绿色转型等意义重大。资金约束是目前康养产业发展面临的最大难题。本书将为康养产业摆脱资金瓶颈，实现持续健康发展提供投融资政策保障，发挥重要的参考作用；将为我国康养产业加快形成更加完善的投融资机制，从而推进康养产业实现高质量发展提供相关政策建议和智力支持。因此，本书具有重要的现实意义。

1.4　主要创新点

本书在以下两方面有所创新。一是研究视角的创新。目前国内外关于康养产业的研究日益增多。从目前国内外相关文献的研究视角和维度看，对于康养产业投融资机制开展的系统性的研究尚付阙如。本书将聚焦康养产业投融资机制，对于促进康养产业发展的投融资机制开展系统性的研究，从研究视角和维度方面是一种创新。二是研究内容的创新。本书基于产业经济学、公共经济学相关理论对于康养产业的投资特征和融资特征进行深入分析，在总结我国康养产业发展现状的基础上，从投融资主体现状、投融资渠道现状、投融资制度现状、投融资管理机制现状等方面分析我国康养产业投融资机制发展现状，剖析存在的问题。借鉴发达国家康养产业投融资机制发展经验，提出我国康养产业投融资机制优化的目标，进而提出完善我国康养产业投融资机制的相关对策建议与保障政策体系，从研究内容角度来看是一种创新。

第 2 章　产业投融资机制的理论基础

资本理论、资本积累理论、利息理论、投资理论、投资乘数理论、乘数—加速数原理、公共产品理论、新公共管理理论、新公共服务理论、公共财政理论、货币与投资互补论、融资结构理论等构成了产业投融资机制的理论基础。

2.1　资本理论与资本积累理论

2.1.1　资本理论

对于资本的讨论始于重商学派和重农学派。重商学派把资本同资本的货币形式等同看待，认为只有货币形式的资本才是资本。他们仅仅从流通领域来认识资本，没有从生产领域来认识资本，因此只看到了资本的流通形式，没有看到资本的生产形式，没有认识到货币只是资本的一种非基本的形式，资本的生产形式才是资本的基本形式。重农学派重点考察了"农业资本"这种特殊的农业生产形式。重农学派的创始人、法国资产阶级古典政治经济学最重要的代表人物是弗朗斯瓦·魁奈（Francois Quesnay）。魁奈认为，农业是社会财富的唯一源泉，是"纯产品"的唯一源泉。只有农业生产才是真正的生产，只有在农业方面的投资才是生产的投资。资本是物质，指生产资料和生活资料。他使用"预付"

这个概念来表示资本，并进而把农业预付划分为"年预付"和"原预付"两个部分。"年预付"是每年预付的资本，具体包括种子、肥料、工人的工资等；"原预付"是用于购置农业设备的基金，包括耕畜、农具、库房等。与"年预付"每年进行预付不同，"原预付"只需要几年预付一次。"年预付"的资本全部计入当年的生产费用，并且由当年的农业产出物来进行全部的补偿；而"原预付"的资本则有所不同，每年只有一部分资本计入当年的生产费用，其资本的全部补偿需要花费数年的时间。可以看出，魁奈所指的"年预付"就是我们现在所谓的"流动资本"，而其所指的"原预付"则是我们现在所谓的"固定资本"（马涛，2018）。魁奈极力主张通过吸引更多的资本到农业中来以发展资本主义大农业。他认为农业中增加资本优于增加人，因为农业中的资本越多，农业中所需要的人就越少（李薇辉，2005）。同时，魁奈反对将税收负担加到农业资本家身上。因为这样将引起商品价格的提高，其后果就是会使农业资本家的收入减少，这样农业中的资本也会减少（陈孟熙和郭建青，2003）。魁奈的理论将货币排除在固定资本和流动资本之外，同时也忽视了资本在其运动中有时也会采取货币的形式。魁奈认为货币是获得资本的手段，而不是资本的形式，货币本身不可能成为资本。

继魁奈之后，英国资产阶级古典政治经济学派的奠基者亚当·斯密（Adam Smith）对于资本进行了进一步的论述。他认为，所谓资本，就是用于继续生产的过去的劳动积累，即生产资料，是人们希望从中取得收入的资财。亚当·斯密强调，资本的最主要的特点是它能够为资本家提供收入，即带来利润。他认为，可以把资本看作用于继续生产的"预蓄资财"，资本家就是积累"预蓄资财"而谋求收入的人。可以看出，亚当·斯密实际上把资本定义成了用于生产以取得利润的生产资料。另外，他还将资本区分为固定资本和流动资本，这使得"资本"这个概念被普遍化了。亚当·斯密还分析了资本的各种形态，认为资本的形态包括借贷资本、工业资本和商业资本，他重点分析了不同资本形态之间的区别（马涛，2018）。亚当·斯密强调市场的作用，认为政府的作用很有限，在其廉价政府论中，他提出国家仅仅能够完成三项任务，其中两项就是"增加资本数量"和"改善资本用途"。他认为在政府有限的义务中，比较重要的一点就是"建设并维持某些公共事业及设施"；马歇尔则认为资本是一种生产要素，是为了生产物质财富并获得收益而积累起来的设备，是生产财富的主要资料。马歇尔认为资本来源于储蓄（李薇辉，2005）；马克思把资本的概念从生产资料资本扩展到生产关系资本。按照《新帕尔格雷夫经济学大辞典》的解释，资本有两种含义：一种是"作为一种生产要素的资本"；另一种是"作为一种生产关系的资本"。而马克思的资本的概念正是以上两种含义的综合。马克思认为资本是人类社会发展到一定历史阶段的社会现象，资本的实质是人与人的社会关系。资本不是一个静态的对象，而是一种动态的运动，资本运动的逻辑就是无限制地增值和膨胀。资本是生产要素资本和社会关系资本的融合体，它的本质是社会关系，而外在表现是生产要素。

2.1.2　资本积累理论

亚当·斯密在《国富论》中认真阐述了资本积累对一国财富增长的重要性。他认为，物质资本的积累是经济增长的源泉。既然增加一国财富的一个重要方法是增加生产性劳动者的数目，而要增加生产性劳动者的数目，必先增加资本，这样才能增加维持生产性劳动者的基金。亚当·斯密把国民经济产出的增长主要归结于两个因素：一是资本的积累，二是资本的正确配置，而经济增长最基本的决定因素是资本的形成率，即投资率；与亚当·斯密的观点类似，在让·巴蒂斯特·萨伊（Jean Baptiste Say）的著作《政治经济学概论》中，资本积累被看作国民财富增长的基本源泉，强调资本积累对于经济增长的重要意义；在大卫·李嘉图（David Ricardo）的著作《政治经济学及赋税原理》中，资本积累同样被看作国民财富增长的基本源泉，资本积累也就是利润转化为资本积累率，从而国民财富的增长速度也就取决于利润率。大卫·李嘉图也认为物质资本积累是经济发展的动力。他认为，生产是"劳动、机器和资本的联合运用"，他把资本和劳动等同起来，把资本作为生产要素的一种（马涛，2018）。此外，哈罗德—多马经济增长模型也探讨了资本与经济增长之间的关系，这一模型更加强调资本积累在经济增长中的作用；索洛和斯旺经济增长模型在强调技术对经济增长贡献的同时也十分看重资本积累对经济增长的贡献；在哈罗德—多马经济增长模型中，投资的作用极为重要，是经济增长最直接的动因；卡尔·马克思（Karl Marx）也对资本积累进行了深入研究，他认为，可以把资本看作劳动产品在私有制下的异化的积累，他认为资本是对别人的劳动产品的私有权，是对劳动和劳动产品的统治的强力。资本积累是资本主义私有制发展的必然结果，资本积累在本质上是资本主义生产关系的扩大再生产（马涛，2018）。

2.2　利息理论

英国资产阶级古典政治经济学的创始人威廉·配第（William Petty）把利息称为"货币的租金"，他给利息下了一个最初的定义，即利息是一定期限内放弃货币使用权的报酬；英国经济学家阿弗里德·马歇尔（Alfred Marshall）认为资本是为了生产物质财富、并获取收益而积蓄起来的设备。资本作为生产的一个要素，它不是供满足欲望的直接消费之用，而是财富的主要资料。当我们说一样东西是"财富"时，这样东西是作为消费对象来看待的；而当我们说一样东西是"资本"时，这样东西是被看作生产要素的。阿弗里德·马歇尔认为，资本来源于节约和储蓄，而节约和储蓄则是为了将来而牺牲现在的愉快。他进而把利息分为纯利息和毛利息。纯利息，指的是纯粹地使用资本的代价或称为"等待"的报酬；毛利息除包括纯利息外，还包括运用资本的手续费、经理费、投资风险的保险费等。他还认为，利息是资本的需求和供给相均衡时的价格。资本的需求价格取决于资本的边际生产力;资本的供给价格取决于资本家的"等待"和牺牲,也就是节欲。

约翰·梅纳德·凯恩斯(John Maynard Keynes)认为,利率的决定取决于两个因素:一是流动性偏好。流动性是指财富从一种形式转移到另一种形式的难易程度。货币是流动性最大的财富形式。人们愿意持有现款称为人们具有流动性偏好。这根源于三个心理上的原因或动机:交易动机、谨慎动机、投机动机。二是货币数量。货币数量就是货币供给量。货币供给量在西方被认为是大体由国家决定和控制的。西方国家要求银行具备一定量现款,这笔现款被称为准备金。准备金与存款之间的比例称为准备金率。准备金一定,提高或降低准备金率可以减少或增加存款数量,从而减少或增加货币供给量;准备金率一定,增加或减少准备金可以增加或减少银行存款,从而增加或减少货币数量。凯恩斯认为,对货币的需求和货币的供给(货币数量)决定了利率的高低。在一定的流动性偏好之下,即在一定的货币需求之下,国家可以通过控制货币数量的多寡而控制利率的高低。

2.3 投 资 理 论

投资是指增加或更换资本资产的支出,而资本资产主要包括厂房、住宅、机械设备及存货等。投资可分为固定资产投资和存货投资两大类别。固定资产投资指新厂房、新设备、新商业用房以及新住房的增加;存货投资指厂商持有的存货价值的变动。另外,投资还可分为净投资和重置投资两类,重置投资指弥补设备的生产消耗和意外损坏的投资支出,重置投资不能增加资本存量,只有净投资才能增加资本存量(孙玉霞,2009)。

凯恩斯对投资进行了深入研究,在凯恩斯的投资理论中,他将"投资"界定为"资本的形成",即社会实际资本的增加,包括厂房、机械设备、存货的增加、新住宅的建设等。凯恩斯认为，决定企业投资水平的因素等同于决定投资利润的因素，只有当投资预期收益大于投资成本时，企业才会作出投资的决策。因此，凯恩斯认为决定企业投资的因素主要包括以下三个：实际利率水平、投资预期收益、投资风险。

实际利率水平是影响企业投资决策的首要因素。实际利率等于名义利率与通货膨胀率的差额。凯恩斯认为，企业是否作出投资的决策，取决于投资的预期收益率与借入款项的利率之间的比较。如果预期利润率大于利率，投资就是有利可图的，企业就会作出投资的决策；如果预期利润率小于利率，投资就是无利可图的，企业就会放弃投资。在特定的阶段，投资的预期利润率往往是一定的，因此企业的投资决策主要取决于实际利率水平的高低，中央银行降低利率，将激励企业更多地投资；中央银行提高利率，企业的投资积极性就会降低。

投资预期收益是指一个投资项目在未来各个时期预计可得到的收益。投资预期收益的大小主要取决于以下三个因素：对投资项目产出的需求预期、产品的生产成本、投资优惠政策。企业进行投资决策时，首先，基于市场对该项目产品的未来需求的一种判断，只有当企业判断这种项目产品在未来有较好的市场需求时，企业才会考虑对项目进行投资。其次，投资预期收益还取决于投资项目的产品的生产成本。产品的生产成本提高，将相应降低投资的预期收益。产品的生产成本中，最重要的组成部分是工人的工资，而工资的变动对投资需求的影响具有不确定性。对于那些生产劳动密集型产品的投资项目，工资水平的上升意味着生产成本的提高，从而会降低投资的需求。对于那些生产资本密集型产品的投资项目，工资水平的上升将激励企业增加机械设备的投资，以达到用机械设备替代人力的目的，这种情况下，工资水平的上升反而会增加投资的需求。最后，投资优惠政策是指政府为鼓励企业增加投资而采取的各种优惠政策，如各种税收优惠政策等。投资优惠政策虽然形式各不相同，其作用都是通过减少企业的税收支付来增加企业的投资预期收益（孙玉霞，2009）。

投资风险是一个企业进行投资活动的过程中，由于受到一些不确定的因素的影响，其投资的实际收益与投资预期收益出现偏差的情况。导致投资风险的因素有很多，有可能是宏观经济形势的变化带来的总需求变化、通货膨胀率的波动带来的影响，有可能是所在行业景气程度的变化、产业政策变化等带来的影响，也可能是所投资项目生产的产品的市场需求发生变化等。对于投资风险，企业要完全规避是很难的，提前预测并采取措施积极应对往往是最好的决策。

凯恩斯主张国家通过公共投资政策来干预经济。凯恩斯的政府干预论极力主张政府负起"直接投资"之责；所谓公共投资政策就是指政府根据预算投资。当经济处于衰退时期，投资需求不足，危机和失业就会比较严重。此时，政府应增加公共投资，以弥补私人投资之不足。他甚至主张国家直接组织投资，兴建大规模的公共工程来增加经济活动，扩大就业。凯恩斯主张政府通过举债方式筹集公用事业的支出，通过其他举债方式来维持政府的经常支出。凯恩斯认为，政府通过举债方式筹集公用事业的支出能够增加投资，进而增加就业。他强调加强对通货的管理，通过降低利率的政策，增加投资需求（马涛，2018）。在一定的流动性偏好之下，国家可以通过对货币数量的控制来最终决定投资数量的多寡。凯恩斯认为，货币政策固然有效，但通过货币数量的增加来降低利率最终会碰到利率的下限。此时就不可能促使资本家进行投资，货币政策不能发生作用，必须通过一定的财政政策，由国家直接进行投资或进行消费来弥补私人消费和投资的不足，以提高国民收入。通过货币政策降低利率的政策，在经济未达到充分就业的情况下，能够鼓励私人投资，增加收入和就业；在经济达到充分就业的情况下，会导致通货膨胀。而"有节制的"通货膨胀政策也能在一定程度上起到增加投资引诱的作用。这是因为它所造成的物价上涨，一方面使得资本家获利更多，另一方面降低了工人的实际工资，又使得资本家有利可图，从而刺激私人投资（李薇辉，2005）。

凯恩斯还在研究货币工资和价格水平的变动对利率和投资的影响的

基础上，提出了凯恩斯效应理论。该理论认为：货币工资和价格水平的下降能够提高货币的实际价值，货币实际价值的提高将减少交易性货币的需求，增加投机性货币的需求；而投机性货币需求的增加又会使得证券市场的证券价格上涨，而证券价格上涨将使得利率下降，引起投资的增加；投资的增加最终使得产量增加，就业扩大。总而言之，传导过程如下：工资和物价下降→货币价值提高→利率下降→投资增加。以上传导过程的实现，要求货币市场的价格即利率必须具有弹性，利率有了弹性，在存在失业的情况下，才可能通过降低利率增加对投机性货币的需求，扩大投资。也就是说，凯恩斯效应是建立在利率与投资呈负相关的基础上的，如果利率不具有弹性，或利率不起作用，则效应的传导过程难以实现（曾康霖，2002）。

2.4　投资乘数理论与乘数—加速数原理

2.4.1　投资乘数理论

1931 年 6 月，英国经济学家理查德·卡恩（Richard Kahn）最早提出了乘数理论。卡恩的乘数理论讨论的并非投资变动引起国民收入变动的问题，而是国家在公共工程的支出与总就业量两者的关系。20 世纪 30 年代，英国著名经济学家凯恩斯为了抢救资本主义经济危机，依据卡恩提出的"投资乘数"概念，创立了投资乘数理论。凯恩斯接受并发扬了乘数理论，并用该理论论证了投资可使得国民收入与就业倍增，将投资与收入之间的这种倍数关系称之为"投资乘数"，由此完善了乘数理论。所谓投资乘数理论，简而言之，投资增加一个单位，所引起的国民收入的增加量并不是一个单位，而是若干个单位（孙玉霞，2009）。投资可使得国民收入倍增的原理如下：在边际消费倾向一定的条件下，一方面，增加的投资支出用于购买投资品时，推动投资品生产和供给的增长，在此过程中，就业和收入水平同步提升；另一方面，收入提高，消费支出增加，消费品的生产和供给增长，即投资支出的增加可以导致国民收入若干倍的增加。反之，投资支出的减少也会引起国民收入若干倍的减少。投资乘数就是指收入的变化（收入增量）与带来这种变化的投资支出的变化（投资增量）的比率。在提出"投资乘数"这一概念后，凯恩斯进一步分析了投资乘数的决定因素。他认为，决定投资乘数大小的主要因素是边际消费倾向。具体地，投资乘数的大小与边际消费倾向正相关，边际消费倾向越大，投资乘数就会越大；反之，边际消费倾向越小，投资乘数就会越小（李薇辉，2005）。投资乘数的大小与边际储蓄倾向负相关，投资乘数是边际储蓄倾向的倒数。投资乘数的作用是双方面的，即当投资增加时，国民收入将会成倍地增加；反之，当投资减少时，国民收入也将成倍地减少。投资乘数理论排除了所有的财政政策和货币政策的影响，而且该理论只适用于当整个社会存在闲置资源的情况。凯恩斯的投资乘数理论从投资的需求效应角度论证了投资增长与收入增量之间的量变关系，这是对存在于社会再生产各环节、国民经济各部门之间固有的内在关系的一种深入揭示。

2.4.2　乘数—加速数原理

1913年和1917年，法国经济学家阿夫塔里昂（Aftalion，1913）和美国经济学家约翰·贝茨·克拉克（John Bates Clark，1917）分别提出了加速数原理。加速数又称"加速系数"，是指产出的变化所引致的净投资的倍增或倍减的变化。如果说乘数原理说明的是投资变动对国民收入变动的影响，那么加速数原理则说明的是国民收入变动对投资变动的影响。根据加速数原理，投资不是产量或收入绝对量的函数，而是产量或收入变化率的函数。产量或收入的较小变化会引起投资水平的大幅度变化。产量或收入的增长速度放慢也会造成投资的大幅度下滑。宏观经济学家将乘数理论与加速数原理结合起来，建立了乘数—加速数模型，用"乘数"和"加速数"的相互作用来解释一国宏观经济的周期性波动。乘数和加速数相互作用引起经济周期的具体过程如下：根据乘数理论，投资增加引起产量的更大增加，而在加速数原理作用下，产量的增加将引发投资的进一步增加，于是经济进入繁荣期；当产量达到一定水平，增长速度放缓，受到加速数原理影响，投资增速更快下降，而投资增长放缓甚至减少又会由于乘数作用使产量继续减少，于是经济运行进入萧条期。根据乘数—加速数模型，一些经济学家认为，政府可以通过相机抉择的宏观调控政策熨平经济周期。

2.5　公共产品理论

公共产品理论是西方财政经济学的核心理论。公共产品是相对于私人产品而言的。根据非竞争性与非排他性的特性，可以把社会产品分为公共产品、私人产品和准公共产品（混合产品）。

公共产品具有非竞争性与非排他性两个限定性特征。首先，这类产品的消费具有非竞争性，也就是说，这类产品可以联合消费，而且某个人对这类产品的消费不会减少其他人消费的数量；其次，这类产品具有非排他性的，也就是说，公共产品一旦提供给某个人，就不可能阻止其他人对这种产品的消费，或者要想禁止其他人消费这种产品至少要付出高昂代价（彼德·M. 杰克逊，2000）。在这种情况下，阻止其他人对这种产品的消费成为一件不可能的事情，也就是说，这类产品具有非排他性。一种产品在消费中既具有非竞争性特征，又具有非排他性特征，我们就把这种产品称为公共产品。

公共产品的上述两个限定性特征，即非竞争性和非排他性，究其来源，是源自公共产品的不可分割性。在消费过程中，公共产品不能依据消费者的需求在数量上进行分割，就导致这类产品在消费过程中具有集体消费、共同受益的特征，也就是受益完全外部化的特征。具体地，在这类产品的消费过程中，所有的消费者都可以从对该产品的消费中获得利益，在自身获得利益的同时，不能妨碍其他人从对该产品的消费中获得利益，不同的消费者都可以从对该产品的消费中获得同等的利益，且他们获得的利益不存在相互之间的冲突。这就使得这类产品在消费中呈现出所谓的非竞争性的特征；另外，这类产品在消费过程中所产生的利益呈现出广泛外溢的特征，这一特征使得在这类产品在消费的过程中，企图对某部分消费者进行排斥在技术上是很困难的，从而使得对部分消费者进行排斥成为不可能的事情（蒋洪，2006）。也就是说，正是产品的不可分割性使得这类产品在消费过程中除了具有非竞争性特征，还同时具有了非排他性特征。

对于公共产品的非竞争性和非排他性的理解，可以通过与私人产品进行比较来加强。私人产品同时具有竞争性和排斥性。由于私人产品具有的可分割性特征，对于私人产品消费的利益只能由该产品的所有者所享有，其他消费者则无法同时获得同样的利益，也就是说，不同消费者对于这种产品的消费在利益上是存在冲突的，这使得私人产品具有竞争性特征。另外，在产品消费过程中，对于没有付出代价的消费者，从技术上能够很容易地将他们排斥在产品的消费利益之外，从而确保产品的消费利益只能由付出代价的消费者所独享，这使得私人产品具有排他性特征（蒋洪，2006）。

介于私人产品和公共产品之间的产品被称为准公共产品（混合产品）。这类产品或者是非竞争性和非排他性不完全的产品，或者是同时具有竞争性、排斥性和非竞争性、非排他性的产品。第一类混合产品既具有私人产品的竞争性和排斥性特征，又具有公共产品的非竞争性和非排他性特征；第二类混合产品在消费过程中往往有一个饱和界限，在产品消费还远未达到饱和界限时，产品的消费体现出非竞争性特征，消费者之间不存在产品消费利益上的竞争。而当产品消费趋于达到饱和界限时，增加新的消费者就会给以前的消费者带来消费利益上的竞争，也就是说，此时产品体现出竞争性特征。总体上可以说，在一定范围之内的，也就是在饱和界限之内，这类产品是具有非竞争性特征的，超过这个界限，则是具有竞争性特征的（蒋洪，2006）。

由于公共产品与私人产品比较具有非竞争性和非排他性两个特殊的限定性特征，从而使得公共产品在产品提供方面也表现出与私人产品截然不同的方式。私人产品一般可以由市场来提供。而对于公共产品而言，其非竞争性特征决定了该产品的提供不可能基于向消费者收费，意味着生产者无法获得预期中的最大利润，而私人部门由于无法获得足够的利润，缺少激励，通常不愿意成为公共产品的供给方。这就使得公共产品的生产者缺乏生产和提供这种产品的动机；另外，公共产品的非排他性特征也使得消费者很容易产生"免费搭车"的心理，容易引发"免费搭便车"现象，消费者不需购买就能够消费到这种产品，这也同样使得公共产品的生产者不愿向市场提供这种产品。由此可见，公共物品的非排他性与非竞争特征，决定了市场的自动调节机制失去效果。因此，公共产品通常只能采用政府提供的方式。介于私人产品和公共产品之间的混合产品则可以考虑采用市场提供与政府提供相结合的方式。

2.6　新公共管理理论与新公共服务理论

2.6.1　新公共管理理论

新公共管理理论是以市场为基础的公共行政管理观，其实质是用经济学的方法研究和重新构建公共行政的理论与实践模式。新公共管理理论的主要内容如下：首先，该理论以效益为主要的价值取向，主张政府管理中的资源配置应与管理人员的业绩相联系，在对财力和物力的控制方面，强调采用根据效果而不是根据投入来拨款的预算制度，最终体现的是对管理效益的关注；其次，该理论建立了企业式政府和以顾客为导向的政府，主张政府要以服务对象为顾客，视顾客为上帝，政府服务应该以顾客的需求、市场的需求为导向，从而使得公民有更多的机会来评价政府的工作效果，促进政府改善工作，提高服务质量；最后，该理论引入市场机制，逐步取消公共服务的垄断性，让更多的私人部门能够参与公共产品和服务的供给，从而提高公共产品和服务的质量。

2.6.2 新公共服务理论

新公共管理理论之后出现的新公共服务理论克服了前者存在的一些缺陷并在一定程度上实现了超越，更加强调对于公共利益的维护和对于公民权利的尊重。该理论认为，政府越来越重要的作用不是试图在新的方向上控制或者是驾驭公民，而是帮助公民表达和实现其共同利益；公共行政的目标是创造共享利益和共同责任，而不是在个人选择驱动下找到解决问题的方案；通过集体努力和协作能够最有效地、最负责任地贯彻执行符合公共需求的政策和计划；公共利益不是个体自我利益的简单相加，更重要的是要建设政府与公民、公民与公民之间的信任与合作关系；关注市场固然重要，但更应该关注的是宪法和法令、社会价值观、政治行为准则、职业标准和公民利益等；公共组织等在尊重所有人的基础上通过合作和共同领导更有可能获得成功；公共行政人员和公民都应致力于为社会作出有意义的贡献，公共利益才能得到更好的实现（徐玉德，2018）。

2.7 公共财政理论

现代市场财政基础理论的奠基人理查德·阿贝尔·马斯格雷夫（Richard Abel Musgrave，1959）提出了公共财政理论，分析了国家工业化过程中政府投资与民间投资之间的关系。他认为在不同阶段，政府投资的侧重点应依据实际情况适时作出调整。具体地，在一国经济发展初期，要促进经济增长，政府就应该加大投资，特别是加大对基础设施的投资力度，改善基础设施配套，为民间资本投资创造良好的环境；进入经济快速发展阶段，政府投资应该保持一定的增长率，此时政府投资的重点也应由初期的基础设施投资向教育、医疗、社会保障等领域转移。该理论认为，社会经济运行应以市场调节为主，只有在市场失灵的领域，才需要政府进行适应性的调节，对市场进行干预。财政就是政府干预经济的一种手段，公共财政就是集中一部分社会资源用于生产或提供公共产品，以满足公共需要的政府收支活动。马斯格雷夫强调，公共部门应该发挥重要且富有建设意义的作用。作为社会组织的一个重要工具，市场无法实现民主社会所要求的全部经济和社会职能，要完成这一点，就必须与公共部门相互配合，因此提高公共部门的效率至关重要。马斯格雷夫是政府积极干预主义的倡导者，他坚定地认为政府是社会正义的工具，应该实施有效的宏观经济政策。他否认政府发挥次要作用，只是当市场失灵时才需要政府来弥补缺口的说法，而是认为政府有重要的经济作用，认为许多商品和服务最好由政府来提供。他将政府的经济活动分成三个部分：资源配置、商品和服务的分配以及宏观经济的稳定（张文春，2008）。

当代西方公共财政理论认为，市场经济能够进行自发的调节，只是在市场经济失灵的领域，才需要政府进行干预。公共财政的存在是基于"市场失灵"，公共财政能够支持政府行使其职能，具体地，公共财政的主要职能主要包括以下三个方面：资源配置职能、收入分配职能、经济稳定职能。

2.8 货币与投资互补论

新古典学派对于投资与实际货币余额之间的关系进行了研究，认为实际货币余额与投资之间存在着替代效应。具体而言，实际货币余额增加会引起投资减少，而投资增加会引起实际货币余额减少。实际货币余额与投资之间的这种替代效应主要源于实际利率的变动。在发达的市场经济下，商品价格的变动是可预测的，企业家增加投资的边际收益率是相对确定的，也就是说资产收益率呈现平均化的趋势，这使得实际利率与投资之间呈正相关的函数关系。实际利率水平降低，人们对实际货币的持有量也会减少，投资就会减少。

金融深化论的代表人物罗纳德·麦金农（Ronald Mckinnon，1973）则认为实际货币余额与投资之间存在着互补关系，从而提出"货币与投资互补论"。该理论认为，在不发达的市场经济国家，经济单位相互隔绝，各经济单位的生产技术参差不齐，所生产产品的价格相互不一致，这使得资产收益率难以形成平均化的趋势。这种情况下，企业家对未来市场的产品价格的变动难以预期，实际利率与投资之间不存在确定的函数关系，实际利率水平的降低不一定能够增加投资，提高实际利率也不一定能够减少投资。就不发达的市场经济国家而言，由于缺乏资金，需要更多的货币积累，提高实际利率不能刺激投资减少，而是刺激储蓄增加，储蓄增加有利于增加投资。因此，麦金龙认为实际利率与储蓄之间存在"互补"关系。爱德华·肖（Edward Shaw，1973）则不认为实际货币余额与投资之间存在着"互补"关系。他强调金融中介机构在储蓄与投资之间的作用。他与麦金龙持以下共同的观点：都主张金融自由化，以提高实际利率，实际利率提高后有利于金融机构吸收储蓄，也有利于金融机构将储蓄转化为投资，将储蓄转化为投资，能降低实质货币持有者的风险，减少投资者的信息成本，增加投资者的收益（曾康霖，2002）。

2.9 融资结构理论

现代融资结构理论（又称企业融资理论）认为，企业为了追求市场价值最大化,往往寻求最佳的融资结构。由于各种融资方式的资金成本、净收益、税收以及债权人对企业所有权的认可程度等存在差异,在给定投资机会时,企业就需要根据资金的目标函数和收益成本约束来选择相应的融资方式,以实现最佳的融资结构,进而使企业的市场价值最大化。融资结构不仅能够决定企业的市场价值,同时对企业的融资成本、企业产权分配、治理结构以及通过资本市场对经济增长等多方面都会产生一定影响(陈英蓉,2013)。

从发展阶段看,融资结构理论大体经历了以杜兰特为主的早期资本结构理论、现代资本结构理论以及新资本结构理论。

2.9.1　早期资本结构理论

美国著名经济学家大卫·杜兰特(David Durand,1952)将早期资本结构理论分为净收益理论、净营业收益理论和传统理论(又称折中理论)。净收益理论假设权益资本总可以获取一个固定不变的收益率且企业总能以一个固定利率筹集到所需的全部债务资金,企业通过负债融资可以提高财务杠杆比率,降低总资本成本率,进而提高市场价值。这一理论的主要缺陷是没有在财务杠杆利益和财务风险之间进行很好的权衡,过分强调财务杠杆作用而忽视财务风险。净营业收益理论假设总资本成本率和负债成本率都固定不变,认为不论财务杠杆如何变化,企业加权平均资本成本都是固定的,因而企业的总价值不会发生任何变化,即企业的价值与资本结构不相关。这一理论的缺陷是过分夸大了财务风险的作用,忽视了资本成本与资本结构的内在关系。传统理论(折中理论)是介于净收益理论和净营业收益理论之间的理论,该理论认为,债务成本率、权益成本率和总资本成本率均可能随着资本结构的变化而变化,企业确实存在一个最佳的资本结构,即在加权平均成本由降低转为上升的那个拐点上,并且此资本结构可以通过财务杠杆的运用来实现(顾银宽等,2004)。

2.9.2　现代资本结构理论

现代资本结构理论的代表是莫迪利亚尼—米勒（MM）定理。该理论基于以下假设：一是风险资产处于竞争市场；二是企业绝不会破产；三是无论是发行证券的企业还是购买证券的家庭，都不用在交易过程中支付交易成本；四是在每家企业未来收益率的问题上，所有的家庭都具有相同的信息；五是没有税收。印度经济学家拉本德拉·贾（Raghbendra Jha，2017）认为企业融资决策与企业收益现值无关。MM 定理暗示了管理者无法通过重新包装公司的证券来改变公司的价值。即在不存在税收的世界里，如果用债务替代权益，公司的总资本成本不会降低，即使债务显得比权益便宜。原因在于当公司增加债务时，剩余的权益的风险变大。随着风险的增加，权益资本的成本也随之增大。剩余权益资本的成本增加与公司融资中更高比例的低成本债务相抵消。事实上，MM 定理证明了这两种作用恰好相互抵消，因此企业的价值和企业总资本成本与财务杠杆无关。在有公司税但无破产成本的世界里，公司价值是财务杠杆的增函数。美国经济学家斯蒂芬·A. 罗斯、佐道夫·W. 威斯特菲尔德、杰弗利·F. 杰富（Stephen A Ross，Randolph W Westfield，Jeffrey F Jaffe，2003）认为以上结论暗示了公司应采用几乎全部由债务构成的资本结构。

2.9.3　新资本结构理论

新资本结构理论包括激励理论、信息不对称理论、企业金融成长周期理论等。

1. 激励理论

激励理论由迈克尔·詹森（Michael C Jensen，1976）和威廉·麦克林（William Meckling，1976）提出，这一理论最早研究了代理问题对企业资本结构的影响。它通过引入"代理成本"这个概念来研究资本结构问题，主要阐明企业存在的股东与债权人之间的利益冲突及股东与管理者之间的利益冲突对企业融资偏好及企业资本结构决策的影响（高正平，2004）。

2. 信息不对称理论

信息不对称理论从不对称信息角度开展研究，提出融资次序理论、代理成本理论、控制权理论、信号理论等理论。融资次序理论由迈尔斯（Myers，1984）提出，他通过统计观察发现，企业在需要资金时，首先会选择内源融资，在内源融资难以满足其资金需求时，企业便会发行债券，最后才会发行股票。企业的融资次序向市场传递了关于企业运营质量的信息，从而影响企业的市场价值。代理成本理论又称代理理论，由迈克尔·詹森和威廉·麦克林于 1976 年提出，是以代理理论、企业理论和财产所有权理论来系统分析和解释信息不对称条件下的企业融资结构的理论。在投资总量和个人财产一定的情况下，提高债务融资的比例将会提高经营者的股权比例，从而降低外部股权的代理成本。作为剩余索取者，企业的经营者往往更加倾向于从事高风险的项目。控制权理论认为，企业融资结构在决定企业收入分配的同时，也决定了企业控制权的分配。公司治理结构的有效性在很大程度上取决于企业融资结构。信号理论认为，企业经营者和投资者对于公司信息的掌握是不对称的，外部投资者无法获取企业的内部信息，只能通过资产负债率或企业债券比率信息间接评价企业的市场价值。外部投资者会把较高的负债率看作企业高质量的一个信号。负债率上升表明经营者对企业未来收益有较高的期望，传递了经营者对于企业的信心，这种信号会使投资者对企业也有信心，进而提高企业的市场价值（陈英蓉，2013）。

3. 企业金融成长周期理论

企业金融成长周期理论将企业生命周期与融资理论结合而成（Berger

A N & Udell G F, 1998），该理论认为，伴随着企业成长周期而发生的信息约束条件、企业规模和资金需求变化是影响企业融资结构变化的基本因素。在企业创立初期，由于资产规模较小、缺乏业务记录和财务审计，企业信息是封闭的，因而外源融资的获得性较低，企业不得不主要依赖于内源融资；当企业进入成长阶段，追加扩张投资使得企业的资金需求猛增，同时随着企业规模扩大，可用于抵押的资产增加，并有了初步的业务记录，信息透明度有所提高，此时企业开始更多依赖金融中介的外源融资；在进入稳定增长的成熟阶段后，企业的业务记录和财务制度趋于完备，逐渐具备了进入公开市场发行有价证券的条件，债务融资的比重将下降，股权融资的比重将上升（高正平，2004）。

第3章　文献综述

2014 年 12 月首届中国阳光康养产业发展论坛第一次提出"康养产业"的概念，之后相关研究日益增多，但目前对于其概念尚未形成统一认识，现有文献大多聚焦于概念界定和产业发展实践，总体上处于起步阶段。相关领域的研究，如"健康产业""养生产业"的大量研究出现在近 10 年，"养老产业""老龄产业"的大量研究出现在近 20 年，其中相对成熟的是对"养老产业"的研究，学者们从社会学（李雅诗等，2021）、人口学（穆怀中等，2021）、管理学（杨立雄和余舟，2019）等学科角度对于养老保险制度、养老服务供给与需求、养老服务管理、养老政策、养老模式等开展了大量研究；国外没有"康养产业"的概念，而是称为"健康产业"，其概念界定经历了一个从狭义到广义的发展过程，研究视角侧重于健康经济学（卫生经济学），研究内容主要涵盖医药卫生领域，与国内研究有较大区别。

3.1　康养产业投融资机制国外研究现状

国外相关研究主要围绕以下几方面展开。

3.1.1　国外对健康和养生的认识

对于"健康"的认识，国外经历了一个不断发展的过程。1946 年，世界卫生组织（WHO）在其宪章中把"健康"定义为"健康不仅为疾病和羸弱之消除，而是躯体、精神与社会和谐融合的完美状态"。即健康标准必须从身体、心理和社会三个方面进行全面的考察，三者缺一不可；1978 年，WHO 在《阿拉木图宣言》中提出"健康是基本人权，达到尽可能的健康是全世界一项重要的社会性指标"。1989 年，WHO 增加了"道德健康"因素，提出了健康的新概念，即除了身体健康、心理健康和社会适应良好外，还应加上道德健康，只有同时具备这四个方面的健康才算是完全健康。健康概念开始由生物健康的领域扩展到社会健康的领域。这一健康新概念强调遵守社会公共道德，维护人类共同健康，要求生活在社会中的每一个人不仅要为自己的健康承担责任，而且也要为群体健康承担社会责任。在欧美国家，"养生"（wellness）这一新生词汇由美国医师哈尔伯特·邓恩（Halbert Dunn，1959）提出，他将幸福（well-being）和健康（fitness）结合起来形成"养生"（wellness）这一新生词汇，并认为自我丰盈的满足状况就是达到了较高层次的养生境界（Dunn H L，1959）。但是长期以来，对于养生概念的剖析，国外学者尚无定论（梁云凤和胡一鸣，2019）。

3.1.2 对健康产业的研究

对于"健康产业"的界定，狭义上指经济体系中向患者提供预防、治疗、康复等服务部门的总和，对应于我国的"医疗卫生服务业"；广义上即"大健康产业"，在狭义概念基础上，包含了美国经济学家保罗·皮尔泽（Paul Pilzer，2007）在《财富第五波》中所提及的保健产业，即针对非患病人群提供保健产品和服务活动的经济领域，因此广义的"健康产业"包括了医疗产业和保健产业。对于健康产业的外延，世界银行、世界卫生组织对于健康产业的统计包括医疗服务业、医药产业、健康管理、保健食品、养老产业、健康旅游等领域。与"健康产业"相近的概念还有"银发经济"。在经济合作与发展组织（OECD）的出版物中，

"银发经济"被定义为"产业界或部门为老年人提供的产品或服务"（梁云凤和胡一鸣，2019），牛津经济学从操作性出发，将"银发经济"定义为"为50岁及以上群体提供的产品和服务的总称"（Marek Radvanský & Viliam Pálenik，2011）。一些学者梳理了"银发经济"的外延，主要包括：适应于老年人的住院和门诊护理中的 IT 应用、智能生活、住房改造、独立生活能力的促进、卫生经济学相关领域、教育和文化、信息技术和媒体、服务机器人、流动性及其促进、旅游、文化、交流和娱乐、服务和市场、健康、日常生活服务、金融服务等内容（Enste P et al.，2008；Moody H R & Sasser J R，2012）。欧美研究文献中对"银发经济"的研究范围包括了养老服务与产品的开发、市场策略、产业挑战与解决方式等，是众多产业部门的集合。"银发经济"等同于我国的"养老产业"一词，只是在养老产业的特性上，更强调其市场性以及对老年人需求的回应（杨立雄和余舟，2019）。

整体上，国外对于健康产业的研究主要侧重于健康经济学（卫生经济学）的视角（徐程等，2012），研究方向大体包括医药卫生体系（Cutler D M et al.，2006；Nils Gutacker et al.，2016）、医疗保障（Ethan M J Lieber，2018；Gawain Heckley et al.，2016）、健康行为的经济学研究（Henry Y Mak，2018；Sophie Witter et al.，2010）等。

整体上，健康产业是国外对于康养产业研究的重点领域，而且侧重于从医学视角研究病人后期的恢复方面的研究，如采用大数据来分析病人恢复治疗对各种提供康养服务的机构感知的安全性和隐私保护，以及政府如何规划和提供健康恢复的机构和组织（Karim Abouelmehdi et al.，2018）。

3.1.3 对康养旅游的研究

由于德国森林疗法的兴起，对康养的认知逐渐和旅游结合起来，并形成了一个特色研究方向，即康养旅游。对于康养旅游，欧美国家的学者较早就开始了相关的研究，取得了不少研究成果，一些学者提出了健康产业与特殊产业融合的发展路径，包括健康产业与森林产业融合发展的路径（Weitao Xu et al.，2020）、健康产业与冰雪产业融合发展的路径（Miaomiao Li et al.，2020）、健康产业与电子健康产业融合发展的路径（Xiang Ma et al.，2020），等等。

此外，一些学者认为泰国和马来西亚通过健康和健康旅游来吸引国内外游客，推动了东盟地区康养旅游产业的发展（Sopha et al.，2019）；一些学者认为对于医疗旅游者，他们不但可能前往发达国家追求优质的高端医疗服务，也可能前往较为贫穷的国家或者是发展中国家以享受到价格相对低廉的、监管更为宽松的医疗保健服务（Connell，2006）；一些学者分析了印度康养旅游资源（Upadhyaya，2014）；一些学者分析了移植旅游、生殖旅游、变性手术等所带来的公平问题、道德问题以及伦理问题（Turner，2007；Shenfield F et al.，2010；Whittaker A & Speier A，2010）；在旅游目的地服务提升方面，一些学者通过康养旅游市场，分析了如何提升旅游目的地的竞争优势（Mueller H & Kaufmann E L，2001）；一些学者以消费者需求为导向，分析了旅游目的地的服务质量问题（Pra-jitmutita L M et al.，2016）。

3.1.4　对人口老龄化的研究

1990 年世界卫生组织提出"健康老龄化"的概念，这一概念逐渐发展成为应对人口老龄化的重要理念以及价值取向；有观点认为人口老龄化标志着人类社会的进步与发展（Jakovljević M，2017）；世界各国都面临着医疗费用不断上涨的问题，其主要原因是人口老龄化以及不健康的生活方式提高了疾病发生的概率（Birrer R B & Tokuda Y，2017）；与此同时，有观点认为人口老龄化具有有关老年和老龄化的负面意义，也就是说，人口老龄化将导致对于养老与医疗的需求日益加大（Koskinen Veera et al.，2017）；一些学者通过实证研究发现，门诊服务的增加与个体年龄的增长呈现正向关系，但住院服务却与年龄的增长呈现负向关系（Bíró A & Elek P，2018）；而另外一些研究结论恰恰相反，他们的研究证实随着年龄的增长，住院服务的需求会增长（Giezendanner S et al.，2020）。

　　总体上，由于"康养产业"一词是 2014 年 12 月由我国提出的，国外学者对康养的研究比较有限，相关研究主要围绕着对健康和养生的认识、对健康产业的研究、对康养旅游的研究、对人口老龄化的研究等方面展开，取得了一定的研究成果。

3.2　康养产业投融资机制国内研究现状

　　国内关于康养方面的研究，始于 2009 年，自 2014 年开始相关研究呈现上升趋势，2017 年至今达到一个高峰期。整体上，国内研究成果相对丰富，相关研究主要围绕以下几个方面展开。

3.2.1　国内对健康和养生的认识

　　康养概念很早就出现在我国传统医学中，中医对于健康的认识，早在《黄帝内经》中就有较为完善的记载。中医学中有许多有关健康的观点，如"天人合一"的健康观、"形神合一"的健康观、"阴平阳秘"的健康观、"和"的健康观等。中医形成多维—立体的健康理论框架，认为：健康就是适应自然、内外平和。中医健康理论体系指出，维护健康就必须兼顾养德、养神、养心、养气、养形。我国对于养生内涵的探究要早得多，养生思想在我国源远流长。养生，古称摄生、道生、保生，其中"生"意为生命、生生不息之意，养生即通过各种手段调摄保养自身生命，使生命生生不息。"养生"一词最早由我国道家学派代表人物庄子提出，他强调人类要主动按照自然的规律去调理心身、养护生命。对比中外关于养生内涵的界定，从时间序列分析，西方学者对养生理念的关注起步较晚，我国在明清时期已经形成了相对完善的养生理论，虽然对养生的外延认识与发展方向存在分歧，但本质都归于人体的物质形体与精神、自然的整合统一（梁云凤和胡一鸣，2019）。

3.2.2 对康养产业概念和属性的研究

2014 年 12 月，首届中国阳光康养产业发展论坛首次正式提出"康养产业"这一新名词，包括"健康产业"与"养老产业"，属于高级形态的现代服务业（周丹妮和姚裕金，2015）；李后强（2015）率先提出并论述了生态康养理论，将"生态康养产业"定义为"以充沛的阳光、适宜的湿度和高度、洁净的空气、安静的环境、优质的物产等优良资源为依托，辅以优美的市政环境和完善的配套设施，以运动、保健、休闲、度假、养生、养老等功能为核心的促进人健康长寿的一种高级形态的现代服务业"。杨振之（2016）将康养视为"健康 + 养生"或"健康 + 养老"的集合。高妍蕊（2017）指出，发展康养产业符合我国经济社会发展趋势，是深化供给侧结构性改革的重要内容，是应对我国老龄化和适应经济社会发展的必然选择。有利于产业升级和经济结构优化，能够加快我国经济发展新旧动能转化。高铭蔓（2018）、陈力等（2017）认为发展康养产业能够带动产业转型。何莽（2018）认为康养产业包括"健康""养生""养老"三个维度，将"康养"看成"以养为手段，以康为目的"的活动，是对生命的"长度""丰度"和"自由度"三位一体的拓展过程，是结合外部环境改善人的"身""心""神"，并使其不断趋于最佳状态的行为。程臻宇（2018）认为康养产业的特征包括公共性、差异性、生态性和人文性等。杨继瑞和赖昱含（2018）总结了 2017 年首届"中国西部康养产业发展论坛"中专家的观点，即康养产业具有准公共产品的特点，投入大、见效慢；养老产业投入大、回收期长、运营风险较高，且易受经营场所、金融信贷等要素制约。房红和张旭辉（2020）提出

"康养产业"的研究范畴包括"大健康产业"和"养老产业"，涉及范畴非常广泛，涵盖一二三产业相关内容。对康养产业内涵与外延的理解，应把握以下要点：一是其内涵与外延涉及广义与狭义之分，在进行理论研究时应予以说明；二是其内涵与外延是动态变化的，对其进行界定应在特定的背景下作出；三是关注康养产业统计分类的最新变化，有利于加强对康养产业内涵与外延的理解；四是随着社会分工的不断深化，康养产业的内涵将不断丰富、外延将不断拓展。康养产品分为保障性康养产品和改善性康养产品，保障性康养产品属于公共产品，应坚持公益性原则，由政府或政府与市场共同提供；改善性康养产品属于私人产品，应在政府扶持基础上，使市场成为提供的主体。李影（2017）认为大健康产业的本质内容是"预防、保健、治未病"，康养产业是大健康产业的子产业。王冬萍和崔春雨（2018）系统分析了新疆特有的旅游资源的特点及其康养功能，并基于此对新疆康养旅游产品进行了分类。王忠贵（2020）认为森林康养对许多心理疾病具有良好的治愈。杨红英和杨舒然（2020）认为康养是一种持续上升的健康理念，通过养老、养生、医疗、休闲、文化、度假、农业、村落、运动、健身、膳食等多方面的供给，康养满足全龄段人群在身体、心灵、精神、生活和社会适应度等方面的需求。

3.2.3　对康养产业业态和产品类型的研究

学者们从不同角度将康养产业分为不同的业态和类型。按服务对象的不同，何莽（2018）将康养分为妇孕婴幼康养、青少年康养、中老年康养等类别；依据康养目的不同，吴兴杰（2015）将康养产业划分为养生、养心、养生等领域；张霄（2016）从投入要素的不同，将康养产业分为康养农业、康养制造业和康养服务业三大类别；按康养旅游产品功能的不同，吴耿安和郑向敏（2017）将康养旅游分为生态养生康养旅游、运动休闲康养旅游、休闲度假康养旅游、医疗保健康养旅游、文化养生康养旅游五种类型。

3.2.4　对康养产业融合发展的研究

　　国内不少学者认为康养产业是典型的复合型产业，融合发展是其未来发展趋势。张胜军（2018）、周永（2018）、刘战豫等（2019）、何莽等（2020）提出康养产业具有融合发展的趋势；周永（2018）对康养产业融合机理进行了研究；石智雷等（2016）总结了医养结合这种新型养老模式的三个发展阶段，并指出其未来的发展方向；何彪等（2018）、谢晓红等（2018）、任宣羽（2016）、赛萌萌（2021）等研究了康养产业的康养旅游发展模式；李献青等（2020）、陈巧（2017）、王明明（2020）、徐新建和秦德平（2020）等研究了休闲体育产业与康养产业融合发展模式；姜雨欣等（2020）提出"会展 + 康养"的康养产业融合发展模式；唐亚林和张潇（2019）提出中国健康养老养生产业的发展模式正从以医疗为中心的发展模式向以人民健康为中心的发展模式转型，研究了康养产业的"康医养"发展模式；宗锦耀（2015）、刘诗涵和王庆生（2020）、佘晓瑜（2020）对康养产业与乡村振兴的关系进行了分析，认为康养产业与乡村振兴能够互相促进；李文静和黎东生（2020）对大湾区中医药健康养老与其他产业的融合发展进行了研究；钟露红等（2018）研究了攀枝花"康养 +"产业融合发展的背景和发展方向；陈新颖等（2019）分析了民族文化与康养的内在联系，探讨了广西民族文化与森林康养产业融合发展的路径；戴金霞（2017）分析了常州市养老健康服务业融合发展模式。

　　已有文献对于康养产业融合发展进行了不少有价值的理论探索和实证分析，为下一步研究奠定了良好基础。同时，由于国内外学术界对于康养产业融合发展的研究尚处于起步阶段，存在以下需要进一步研究的问题：一是尚未构建起专门的康养产业融合发展的模型；二是在康养产业融合发展模式的研究方面，目前只是对旅居康养、医养结合、康养旅游等康养产业融合发展模式进行了初步研究，缺少对于康养产业融合发展模式的系统研究；三是对于康养产业融合发展的路径、政策调控机制等对产业健康发展具有重要支撑作用的应用研究尚未有效展开；四是在研究方法上多采用个案式研究，研究视野较窄，研究结论普适性不够。

3.2.5　对康养资源评估的研究

对于康养资源评估的研究还是一个新的课题，现有研究成果主要集中在国内，且主要集中在 2015 年以后。由于研究时间过短，现有研究成果比较有限。目前国内对于康养资源评估的研究主要集中在以下三个方面：一是对康养旅游资源的评估研究；二是对森林康养资源的评估研究；三是对气候康养资源的评估研究。

在康养旅游资源评估研究方面，祝向波（2017）建立了包括气候舒适度、优产度、生态环境优良度、海拔高度、矿养度、空气洁净度、和谐度七个维度的康养旅游资源开发价值综合评价指标体系，提高了康养旅游资源评估的全面性和科学性；张国薇（2018）构建了包括舒适性、地宜性、清新性、光疗性、食养性、矿养性、环境质量优良性、和谐性八个维度的康养旅游目的地"八性"评价体系；刘安乐等（2019）参考国家标准《旅游资源调查、分类与评价》中"旅游资源评价赋分标准"确定的项目、赋分标准及方法，构建了康养旅游资源评估指标体系；张宣和陶颖（2020）以宗教文化、美感度、森林覆盖率、物种多样性、可进入性以及康养旅游服务等作为主要评价指标，构建了康养旅游资源评价体系，对康养旅游资源开展了定量评估；李东（2021）认为我国康养旅游评估的研究还处于起步阶段，他从开发潜力、开发适宜性、体验价值、旅游地综合评价等方面构建了评价指标体系，对森林、温泉、生态康养等康养旅游资源进行了评估；任青峰等（2022）通过引入不适性、灾害影响、空气污染等评价指标，构建了修正的康养旅游综合评价指数公式。

在森林康养资源评估研究方面，潘洋刘等（2018）构建了包括森林洁净度、气候适宜度、景观美景度、资源丰富度4项准则层以及21项具体指标的森林康养资源评价指标体系；陈令君（2020）构建了符合贵州省省情的森林康养资源评价指标体系；肖泽忱（2021）为森林康养基地构建了建设评价指标体系，包括4项准则层和14项指标层。

在气候康养资源评估研究方面，张明洁等（2022）构建了气候康养指数，对气候康养资源进行了评估分析。

3.2.6 对乡村康养产业的研究

国内相关研究始于近期。2018年后大量学者提出发展乡村康养产业能够助推乡村振兴（凌常荣和周曦，2018；韩福丽等，2019；陆献峰，2018；杜昀倩和关沛琪，2020；刘诗涵和王庆生，2020；何莽，2022；李青辉和魏璐，2020）；一些学者开展了相关实证研究（江宇，2018；马颖杰，2020；马姗姗，2020），提出乡村康养产业的概念（王中，2020）；一些学者对于乡村康养产业发展模式进行了专门研究（刘新和邓云芳，2018；江宇，2018；谢晓红等，2018；赵瑾，2020；于英，2021），总结出乡村康养产业的若干发展模式。

目前对于乡村康养产业的研究尚处于起步阶段，存在以下主要问题：一是对于乡村康养产业发展路径和政策体系研究的系统性有待加强；二是研究方法上多采用定性研究和归纳分析法，定量研究、实证研究、调查研究等研究方法应用较少，研究结论说服力有限。

3.2.7 对康养产业发展对策的研究

龙承春和张霞（2021）针对康养产业发展中养老护理人才短缺的问题，构建了康养产业养老护理人才胜任力模型，并将此模型运用到康养产业养老护理人才的招聘、培养、开发与考核当中，以提高康养产业养老护理人才的整体水平，更好地满足康养产业高质量发展的人才需求；孙一等（2021）针对森林康养产业发展过程中存在的供需失衡问题，提出了通过供给侧结构性改革促进森林康养产业发展的对策建议；丁文珺和熊斌（2020）从积极老龄化视角出发，分析了康养产业发展过程中的供需困境，并基于此提出我国康养产业发展要明确市场定位、凸显康养的特殊属性、明晰政府定位、完善产业布局、全球化发展等对策建议；陈力等（2014）、赖启航（2016）、赵萍（2017）、朱峻瑶（2017）、王佳怡（2018）、陈芳（2018）、钟露红等（2018）、雷鸣等（2018）、卫之琪（2019）、王玉鹏（2019）、张太慧（2019）等基于典型案例提出康养产业发展的具体对策建议；袁璟（2018）针对我国森林康养产业起步较晚、相关制度存在一定滞后性的现实问题，提出要构建一套适应我国当前森林康养产业发展的制度，促进我国森林康养产业实现绿色发展；董永刚等（2017）表示发展森林康养应注重跨产业融合，以此达成各行业互利共赢的目标；金红莲和肖瑶（2019）认为通过文化产业和旅游产业的协调发展将有利于促进康养产业的发展；潘家华等（2019）认为发展养老健康服务业是坚守和提升"发展"和"生态"这"两条底线"的有效途径；杨鹏程（2020）基于我国老龄化严重的现状，提出设计并运行农村康养信息平台是解决我国目前老年人群康养问题的重要途径。

3.2.8 对康养产业投融资机制的研究

刘瑶（2017）提出湖南省"医养结合"型养老机构发展的最主要制约因素是融资困难、融资模式单一；陈芳（2018）认为养老健康服务业发展应创新资金保障机制；卜从哲（2018）认为河北省养老健康服务业发展面临着很大的资金制约。养老健康服务业对金融资本的吸引力先天不足，民间投资积极性不高；程臻宇（2018）建议在公益性养老健康服务业发展中加大财政投入力度，对非公益性养老健康服务业，政府应该让位给市场并进行合理监管；罗忠林（2018）指出养老健康服务项目投资金额大、回报周期长、公益性的特点决定了政策性资金与多种投融资渠道结合是养老健康服务业投融资的主要模式；潘家华等（2019）认为发展康养产业的关键是创新体制机制，包括明确产业扶持政策以及财税、金融等方面的配套支持；姚瑶等（2019）对上海市当前健康金融存在的问题进行总结，并提出改善建议。

3.3 康养产业投融资机制研究评述

通过以上分析可以看出，国内外相关研究成果在研究视角和研究内容方面存在较大差别。国外没有提出"康养产业"的概念，而"健康产业"的概念经历了一个从狭义到广义的发展过程。国外对于"健康产业"的研究侧重于健康经济学（卫生经济学）的研究视角，在研究内容方面主要是应用经济学的基本原理和计量方法研究医药卫生领域的一系列相关问题，包括医药卫生体系的研究、医疗保障研究、健康行为的经济学研究等；国内对于"康养产业"概念的提出始于2014年，在研究视角方面更侧重于产业经济学的研究视角，在研究内容方面近年来围绕着康养产业内涵的界定、康养产业的属性与特征、康养产业业态和产品类型、康养产业发展模式、康养资源评估、康养产业投融资机制、康养产业发展实践等开展了大量研究，取得了较为丰富的研究成果。

与此同时，康养产业的研究还是一个新的课题，现有研究成果主要集中在国内，且主要集中在2015年以后。由于研究时间较短，目前国内外学术界对于康养产业的研究尚处于起步阶段，相对于近年来康养产业的迅猛发展，康养产业的理论研究严重滞后。虽然近年来相关研究成果大量涌现，但对康养产业的概念认识混乱不清、内涵与外延界定不统一。在概念界定方面，"康养产业""健康产业""养老产业"（国外称为"银发经济"）"老龄产业""养生产业"五个概念中，"养老产业"与"老龄产业"的研究范畴相同，都是指为"老年人"这一特定人群提供产

品或劳务，满足其生活需求的经营活动的总称。这使得这两个概念与
"康养产业""健康产业""养生产业"具有明显的区别；另外，由于对
"健康产业""养老产业""老龄产业"的研究时间较长，目前对于这些
概念基本上形成了比较权威的界定，从而使得其研究范畴得以确定。特
别是，国内对于"健康产业"的界定经历了一个从狭义的"健康服务业"
到广义的"大健康产业"的最新变化，而这种变化也使得国内理论界和
政府部门对于"健康产业"的研究范畴能够与国际上保持一致，为在该
领域开展国内外理论交流和政府合作奠定了基础。相比较而言，目前对
于"康养产业"的概念界定尚不清晰。

　　除了概念界定不够清晰，整体上，目前国内外的相关研究还存在以
下不足之处：一是对于康养产业的理论研究框架研究不够，对于康养产
业的发展规律进行的研究不够深入；二是理论研究的深度不够，对康养
产业的概念体系、发展动力、发展路径、发展业态、发展模式、产业结
构演进趋势、评价指标体系等研究均处于前期探索阶段，尚未建立相对
完整的理论体系；三是应用研究对于产业发展的指导性不强，在研究方
法上多采用个案式研究，研究视野较窄，研究结论的普适性有待提高；
四是康养政策法规、技术与服务标准等对产业健康发展具有重要支撑作
用的研究领域尚未有效展开。

　　在康养产业投融资机制研究方面，目前国内外对于康养产业投融资
机制开展了初步研究，但多是针对其某一方面开展研究，缺少对于康养
产业投融资机制系统的、深入的研究；缺少结合纯公益性、准公益性和
经营性康养产品特点分别开展的康养产业投融资机制研究；缺少对于现
有康养产业投融资效益进行评估的实证研究；缺少结合特定区域康养产
业发展实际开展的特定区域康养产业投融资机制的研究。本书将专门围
绕康养产业投融资机制开展系统性的、有针对性的理论研究。

第4章 康养产业投融资机制的概念与特征

4.1 康养产业投融资机制相关概念界定

4.1.1 投融资的概念与分类

投资与融资的关系非常密切，投资与融资是一个行为的两个方面：对资金的需求者而言，这是融资行为；对资金的供给者而言，这是投资行为。鉴于投资与融资有着如此密不可分的关系，我们经常将投资和融资合称为投融资。

1. 投资的概念与分类

（1）投资的概念。投资是社会经济活动的重要的内容之一，也是经济学的基本范畴之一。广义的投资是指"经济学"意义上的投资，是指经济主体为了获取预期收益投入经济要素，以形成资产的经济活动。在广义的投资的概念中，经济主体即投资者，包括经济法人和自然人；狭义的投资，是指"金融学"意义上的投资。"金融学"意义上的投资通常被理解为购买证券、土地和其他资产的行为，是指经济主体在一段时间内将当前的资源投入某种用途中，预期在未来会获得资源，这些未来的资源会通过以下几个方面补偿投资者：一是资源投入某种用途的时间；二是预期通货膨胀率；三是风险，即未来收益的不确定性。普遍的表现形式是，投资者用一项当前确定的资源（通常是一定量的货币），来交换预期的未来的资源（通常是未来的预期获得的更多的现金或收入）。由于投资风险的存在，投资者在未来实际获得的资源可能比预期的多，也可能比预期的少，甚至少于当初投资的资源数量，从而出现投资损失。广义的投资，即"经济学"意义上的投资一般是指物质资本的变化。宏观经济学理论中考察的"投资"指的是一个国家或地区一定时期内社会资本的形成和增加。以上概念中的"社会资本"，是指一个国家或地区某一时刻以厂房、机器、设备和存货等形式存在的那部分资产的价值，它们是生产新产品、创造新价值的物质条件。因此，"经济学"意义上的投资指的是物质资本存量的增加或更新，其实质是储蓄转化为资本的过程。购买证券、土地和其他资产等经济活动，引起的仅仅是资本的转移，而不是资本存量的增加，因此，"金融学"意义上的投资与"经济学"意义上的投资在含义上有显著区别。产业投资讨论的是产业中物质资本存量的增加或更新，因此本书中的投资是指"经济学"意义上的投资（广义的投资），而非"金融学"意义上的投资（狭义的投资）。投资一直是拉动经济增长的重要的力量。长期以来，我国的经济增长在很大程度上是通过对固定资产，特别是基础设施的投资来拉动的，投资长期以来是充当着经济增长的重要推动力量。

投资主体指投资活动的发起人或行为主体，又称为投资人、投资者或投资体，是指从事投资活动，具有资金来源和投资决策权利、享受投资收益、承担投资责任和风险的法人和自然人。一个严格意义上的投资主体需要具备以下四个要素：第一，有相对独立的投资决策权；第二，自我筹措并自主运用投资资金；第三，拥有对投资所形成资产的所有权；第四，投资主体享受投资收益的同时承担投资风险。在现实经济活动中，投资主体可以是政府部门和机构，也可以是私人部门和个人。私人投资主要集中于经营性领域，其投资的主要目的是实现利润最大化；政府投资主要集中于自然垄断行业和公共产品部门（市场失灵的领域），包括基础设施建设、社会公益性及公共服务领域等，其投资的主要目的不是追求利润，而是进行宏观经济的调节，具有公益性质，一般投资周期较长，收益率较低。

（2）投资的分类。从不同的角度出发，可以对投资进行以下不同的分类。

一是固定资产投资和流动资产投资。按照投资资金周转方式的不同，投资可分为固定资产投资和流动资产投资。固定资产投资指企业用来增加新厂房、新设备、营业用建筑物（非住宅建筑物）以及住宅建筑物的支出，包括基本建设投资和更新改造投资两部分，其中基本建设投资的经济实质是进行固定资产的外延扩大再生产，更新改造投资的经济实质是对固定资产进行内部的扩大再生产；流动资产投资是相对于固定资产投资而言的，是对企业生产经营中所需的劳动对象、工资和其他费用等方面的货币的预先支付。

二是自发投资和引致投资。按照投资的引致因素的不同，投资可分为自发投资和引致投资。自发投资又称自主投资，指的是不受国民收入和消费水平的影响，而是由人口、技术、资源、政府政策等外生变量所引起的投资；引致投资又称诱发性投资，指的是由国民收入变动引起的投资。随着国民收入的增加，消费需求得到提高，最终引起投资的增加。

三是有形投资和无形投资。按照投资的表现形式的不同，投资可分为有形投资和无形投资。有形资产指使用期限在一年以上、单位价值在规定标准以上的房屋、建筑物及设备工器具，它们都具有一定的实物形态，因此称为有形资产；无形资产是以某种特殊权利、技术、知识等价值形态存在于企业并长期发挥作用的资产，如土地使用权、专利权、非专利技术、商标、商誉等。它们都没有实物形态，因此称为无形资产。有形投资是指对有形资产的投资，无形投资是指对无形资产的投资。

四是直接投资和间接投资。按照是否参与投资企业的经营管理权来划分，投资可分为直接投资和间接投资。直接投资是指投资者将资金、劳动力、技术及其他生产要素直接投入社会再生产过程的经济活动。直接投资的方式主要包括开办独资企业、设立合资企业、买入现存企业股票等。直接投资可以理解为投资创立企业从事经营活动。直接投资可分为国内直接投资和国外直接投资。直接投资者拥有参与投资企业经营管理的权利并由此获得期望收益；间接投资是指投资者将资金投入金融市场的股票、债券、期权或其他金融衍生工具以获取期望收益的经济活动，又称金融投资。间接投资者按照规定获得预期的利息或红利，但无权干预投资企业的具体经营活动，也不享有任何特权。

五是经营性投资和政策性投资。按经营目标的不同，投资可分为经营性投资和政策性投资。经营性投资又称营利性投资或商业投资，是指为了获取盈利而进行的投资，项目建成后，以经营方式使用。在市场经济条件下，大多数的项目投资属于经营性投资的范畴。政策性投资又称非营利性投资，是指为满足公共产品的需要而进行的投资。政策性投资往往不能带来经济效益，只能带来社会效益。与经营性投资不同，政策性投资往往要求有政府的参与，由政府利用财政资金从事项目的投资，或者利用财政资金作为经济杠杆，吸引其他投资主体的投资（陈英蓉，2013）。

2. 融资的概念与分类

（1）融资的概念。融资，即资金融通。从广义上说，融资是资金从供给者向需求者运动的过程。这个过程包括资金的融入和融出两个方面，即资金供给者融出资金，而资金需求者融入资金。因此，融资是资金双向运动的一个过程。从狭义上说，融资主要是指资金的融入，也就是通常所说的资金来源，即经营单位从自身经济活动现状及资金运用情况出发，根据未来经营发展的需要，经过科学的预测和决策，通过一定的渠道，利用内部积累或外部资金供给者来筹集资金以保证企业经营活动对于资金需要的一种经济行为。就融资的本质而言，融资就是对"资金"这种稀缺资源的配置过程。

（2）融资的分类。从不同角度出发，融资可以有以下不同的分类。

一是内源融资和外源融资。融资的经济实质是储蓄向投资的转化。在不同的经济运行中，储蓄和投资可以由同一主体完成，也可以由不同的主体完成。在储蓄和投资由同一主体完成的情况下，投资主体把资金积累的储蓄用于投资活动，这一活动称为内源融资活动。内源融资的投资资金来自经营主体的内部。在储蓄和投资由不同主体完成的情况下，投资主体可以通过直接或间接的过程从第三方资金供给主体即储蓄主体那里获得资金，这一过程称为外源融资活动。外源融资的投资资金来自外部的资金供给者，即资金储蓄者。外源融资的范围可以限于国内，也可以扩展到国外。

就各种融资方式而言，内源融资不需要实际对外支付利息或者股息，不会减少企业的现金流量。同时，由于资金来源于企业内部，不会发生融资费用，这使得内源融资的成本要远远低于外源融资。因此，内源融资往往是企业首选的一种融资方式。同时，企业内源融资的能力也不是无限制的，其大小取决于企业的利润水平、净资产规模和投资者预期等因素。只有当内源融资无法满足企业资金需求时，企业才会转向外源融资。

二是直接融资和间接融资。企业的外源融资由于受到不同融资环境的影响，其可供选择的融资方式可以分为两种：直接融资和间接融资。直接融资是指资金贷出方直接借贷资金给资金需求方进行融资的活动。常见的直接融资方式包括股票、债券等。间接融资是指资金贷出方通过金融机构将资金借贷给资金需求方进行融资的活动。因为需要借助某一金融机构充当融资的中介，故称为间接融资。常见的间接融资方式包括银行借贷等。

4.1.2 投融资机制的概念

投融资机制是指资金融通过程中各个构成要素之间的作用关系及其调控方式，或者说是投融资活动运行机制和管理制度的总称。投融资机

制的主要内容包括投融资主体的确定、投融资主体在资金融通过程中的
经济行为、国民储蓄转化为投资的渠道、资金筹措途径、投资使用方式、
投资项目决策程序和建设实施管理、确保促进资本形成良性循环的宏观
调控制度等。投融资主体是指具有独立投融资决策权并对于投融资负有
责任的经济法人和自然人。投融资主体主要包括三个层次的含义：首先，
投融资主体在经济发展过程中能够相对独立地作出投融资的决策，包括
投融资的方向、投资的金额等；其次，投资主体要保证有足够的资金来
源进行投资；最后，投资主体对于投资所形成的资产享有所有权或支配
权，并能够自主地进行经营或委托他人进行经营（陈英蓉，2013）。

　　投融资机制问题是现代经济学和金融学理论研究的一个重要领域，
按研究领域的范围不同，投融资机制理论可分为宏观投融资机制理论和
微观投融资机制理论。现代宏观投融资机制理论的研究以凯恩斯主义和
货币主义的理论为主。根据凯恩斯主义经济学说，宏观投融资机制主要
研究国民经济均衡时利率与投资和储蓄之间的内在经济关系；微观投融
资机制的经济学理论始于费舍尔、莫迪利亚尼和米勒等开创性的研究，
微观投融资机制的研究主要涉及资本价值、投资成本、投资结构和投资
行为等方面的研究。从微观经济理论视角分析经济主体的投资行为与其
投资收益、投资成本与投资结构等存在的相互作用、相互制约的关系，
这些都是微观投融资机制研究的内容。

　　一个国家的投融资机制的确定取决于该国实施什么样的投融资制度。
投融资制度是指社会资金的配置方式，也就是采取什么方式来实现社会
资金的配置。投融资机制要发生质变，关键在于实现资金配置方式的变
革，即投融资制度的变革。社会资源配置方式包括两种：计划配置和市
场配置。相应地，投融资制度也包括两种：计划投融资制度和市场投融
资制度。计划投融资制度是高度集中的计划经济模式的产物，反映在投
融资制度上就是货币资金的配给制。市场投融资制度是与市场经济相适
应的一种投融资模式，资金投融资的导向以市场机制为主，即社会资金
的筹集和交易配置都是建立在市场基础之上的，而不是通过行政手段进

行强制性的配给。市场投融资制度主要包括两种投融资方式：直接投融资和间接投融资。目前各国的投融资方式要么以直接投融资为主，以间接投融资为辅；要么以间接投融资为主，以直接投融资为辅（陈英蓉，2013）。

4.1.3　产业投融资机制的概念

产业投融资机制是指在特定体制背景下，根据投融资活动的实践，不断进行尝试、修正、发展和完善的一些带有制度性特征的措施和手段。投融资机制是一国投资活动运行机制和管理制度的总称，是经济体制的重要产业组成部分。它包括投融资主体的确立及其行为、资金筹措途径、投资使用方式、投资项目决策程序、建设实施管理和宏观调控制度等内容。投融资主体是具有独立投资决策权并对投资负有责任的经济法人和自然人；投融资渠道主要指投融资主要来源渠道，主要是财政基金、金融机构贷款、企业资金，资本市场、外商投入资金等；投融资体制是指投融资管理制度和运行机制的总称。

4.1.4　康养产业投融资机制的概念

康养产业投融资机制是指为康养产业融入资金，通过一定的运作方式，形成产业资产或资本的经济活动过程。康养产业投融资机制是康养产业投融资活动的运行规律和手段的总称，是对康养产业资金资源实现优化配置的重要手段。从内容上看，康养产业投融资机制主要包括康养产业资金的筹措方式、使用方式、投融资模式等。

康养产业投融资包括以下两方面内容：一是康养产业融资，主要是从产业端的视角来看，解决康养产业发展的"钱从哪里来"的问题。由于康养产业存在着投资额度大、回报周期长等特征，客观上需要通过各类金融手段支持产业发展。具体包括市场化融资手段，比如康养企业发行债券、上市、并购等；政策性融资手段包括政策性金融债、政府贴息贷款等。康养产业融资的出发点和落脚点在于推动康养产业实体经济的发展。二是康养产业投资，这是从资金端的视角来看，即金融资本如何参与康养产业实体经济发展，其本质上是一个金融投资活动，其出发点和落脚点在于如何实现金融资本的投资收益和回报。另外，康养产业在实现经济效益的同时，还涉及社会效益问题，因此也需要一些不以获利为目的的投资工具，比如政府引导基金等。

4.2　不同康养产品的属性和资金供需特征

不同的康养产品具有不同的产品属性和特征，其资金供需特征也各有不同。

4.2.1　不同康养产品的产品属性和特征

运用公共产品理论，结合康养产品的性质与特点，可以将康养产品分为保障性康养产品和改善性康养产品，两种不同的康养产品分别具有不同的产品属性和特征。

首先，保障性康养产品具有受益的非排他性和消费的非竞争性。康养产业是一个面向全民的产业，保障性康养产品指康养产品中的基本产品，如公共健康、基本医疗卫生服务、基本养老服务等。这些基本康养产品属于公共服务的范畴，具有很强的正外部性，不仅涉及人的健康与养老的基本保障问题，也涉及人的生命的意义和基本的尊严，因此属于民生范畴，应坚持公益性原则，使得全体公民都能平等地享受到保障性康养产品。保证全体公民享受到基本的、保障性的康养服务，体现了我国社会主义制度的优越性，关系到我国整体性的国民福祉。《"健康中国2030"规划纲要》指出，健康产业发展应遵循"公平公正"原则，"推动健康领域基本公共服务均等化";《国务院关于加快发展养老服务业的若干意见》指出，养老服务业发展要坚持"保障基本"的原则，确保人人享有基本养老服务；2013 年颁布的《中华人民共和国老年人权益保障法》规定"国家通过基本养老保险制度，保障老年人的基本生活。""各级人民政府和有关部门应当将老年医疗卫生服务纳入城乡医疗卫生服务规划，将老年人健康管理和常见病预防等纳入国家基本公共卫生服务项目。"因此，保障性康养产品具有受益的非排他性和消费的非竞争性。

其次，改善性康养产品具有受益的排他性和消费的竞争性。对于收入较高的人群，在基本康养产品的基础上，还要追求更高层次的、更多元化的、更个性化的康养产品，这就需要改善性康养产品，如健康旅游服务、养生保健服务、长期护理服务、健康食品、保健品、健康保险等。与保障性康养产品不同，对于改善性康养产品，消费者需要支付相应的费用才能获得相应的产品和服务，供应者通过服务产品的供给获得相应的经营利润。因此，改善性康养产品具有受益的排他性和消费的竞争性，其产品具有显著的市场性特征，应以市场需求为导向，让市场机制发挥主导作用。

根据公共产品理论，既然保障性康养产品和改善性康养产品具有不同的产品属性和特征，这两种产品在供给方式上必然存在较大的差别。保障性康养产品属于公共产品，涉及健康事业、养老事业的范畴，应该由政府或政府与市场共同提供；改善性康养产品属于私人产品，涉及健康产业、养老产业的范畴，应该由市场来提供。总之，康养产业兼具公益性与市场性，具有准公共产品特征，其产品的提供应由政府与市场共同发挥作用。

4.2.2　不同康养产品的资金供需特征

在资金供需特征方面，保障性康养产品和改善性康养产品也存在着较大的差别。

　　首先，保障性康养产品的资金供给有限，资金需求巨大。保障性康养产品需要满足的是人民群众的最基本的康养需求，因此其产品价格相对较低，具有公益性或准公益性的特征。因此，提供保障性康养产品的获利空间有限，经营项目的资金投入较大、资金回收期较长，项目运营风险较高、见效较慢，对于社会资本、金融资本的吸引力先天不足，民间投资积极性不高。保障性康养产业的经营较易受到经营场所、金融信贷等要素的制约，从而形成融资困难、融资模式单一等发展瓶颈。另外，这类产品的接受群体是社会的每一位公民，受众群体庞大，需求者数量众多。保障性康养产品的提供涉及对人的健康与养老的基本保障问题，涉及人的生命的意义和基本的尊严，具有供给的刚性特征。这决定了保障性康养产品的资金需求巨大，由此使得保障性康养产品的资金供需之间形成较大的资金缺口。如果政府不加以干预，将严重影响保障性康养产品的正常提供。因此，保障性康养产品的提供往往面临较大的资金制约。为确保保障性康养产品的正常提供，需要政府创新资金保障机制，加大财政资金投入力度，采取政策性资金与多种投融资渠道结合的投融资模式，创新投融资体制机制，包括明确产业扶持政策以及财税、金融等方面的配套支持政策等。

　　其次，改善性康养产品的资金供给和资金需求能够达到均衡。改善性康养产品具有受益的排他性和消费的竞争性。改善性康养产品包括健康旅游服务、养生保健服务、长期护理服务、健康食品、保健品、健康保险等，具有显著的市场性特征，应以市场需求为导向，让市场机制发挥主导作用。与保障性康养产品不同，改善性康养产品属于私人产品，涉及健康产业、养老产业的范畴，应该由市场来提供。对于改善性康养产品，政府的主要定位是监管者，而非产品的提供者。因此，与其他的私人产品一样，改善性康养产品在供给力量和需求力量的双重作用下，将达成均衡的价格和数量。在均衡的价格和数量上，改善性康养产品的资金供给和资金需求也达到了均衡。

　　康养产业大部分属于高新技术产业，具有高投入、高收益的特点，对资金要素的敏感度要远高于传统的加工制造业。康养产业在发展初期，需要有大量的科研投入，只有达到一定的规模，具有高水平、高深度的研发才能获得较高的收益。例如，制药企业如果研发新药，研发过程极其漫长，有的十年甚至更久，这就需要投入巨大的财力、物力。在这种条件下，必须有足够的资金支持。资金来源除了一般的直接投资，还有国内国际融资、风险投资等其他方式，并且资金要素水平不仅只表现在投资规模上，还表现在企业的经营效益、融资市场环境、国内国际融资渠道的畅通程度等方面。

4.3 康养产业投融资的特征

总体上，康养产业投融资具有投融资需求旺盛、投融资周期长、投融资风险大等特征。

4.3.1 投融资需求旺盛

根据国家统计局统计数据，到 2025 年我国 60 岁及以上人口将突破 3 亿，《中国发展报告 2020：中国人口老龄化的发展趋势和政策》显示，到 2050 年中国 60 岁以上的老年人口将近 5 亿。预测到 2030 年，在我国康养产业市场中，老年人的消费需求将高达 20 万亿元，2020 年，我国老年产业规模已经达到 8 万亿元，到 2030 年，我国老年产业规模将达到 22 万亿元，老年产业规模占国内生产总值将由 2020 年的 6% 增长到 8% 左右。在发达国家，康养产业已经成为带动整个国民经济增长的强大动力，康养产业增加值占国内生产总值的比重超过 15%，而我国康养产业增加值在 2016 年仅占国内生产总值的 4% ~5%，这样的数值甚至低于许多发展中国家（孙博，2016）。因此，长远来看，康养产业投融资的需求是很旺盛的。

4.3.2　投融资周期长

相对于一般的投资项目，康养产业项目具有投资周期长的缺陷（刘相芳，2021），康养产业项目建设周期一般在 3 ~ 8 年。投资周期长，令许多投资者望而止步，另外康养项目建成后的收益也面临很多不确定因素，影响到投资者的投资信心。投资周期过长也会引发资金回笼问题，货币具有时间价值，若项目迟迟未完工，巨额资金的投入得不到收益，可能导致投资者中途撤回投资，这可能会直接导致项目资金链断裂，轻则建设周期延长，重则投资项目终止。

4.3.3　投融资风险大

康养产业目前处于产业生命周期的初级阶段，缺少丰富的运作经验，投融资模式也有待完善。康养产业项目存在投融资资金需求量大、投资回收周期长等特点，资金量大和回报期长给投资者带来了不可避免的风险。在我国实行的"康养 + 文旅""康养 + 医疗""康养 + 农业"等多元化项目融合发展，这些项目都有其自身的风险，比如旅游和农业项目受季节性的影响较大，给投资带来许多不确定的风险；医疗则存在投入资本大、需要专业的团队和人才，而且针对特殊人群，存在投入的不确定性风险等。另外，发展模式和营运方式的不成熟也加大了康养产业投融资的风险。康养产业是近年来发展起来的新兴产业，其投资方式和运营模式还在不断地探索和完善中，这些都加大了康养产业的投融资风险。

第5章 我国康养产业投融资机制发展现状

本章将系统分析我国康养产业投融资机制的发展现状，并在此基础上总结出现阶段我国康养产业投融资机制存在的问题。

5.1 政策红利不断释放

随着我国人口老龄化的不断深化，我国老年人口抚养比①不断提高，从1982年的7.98上升到2021年的20.82，增长了160.90%，具体变化趋势如图5-1所示。

2013年被称为是我国康养产业投融资机制的"政策元年"，9月，《国务院关于加快发展养老服务业的若干意见》出台，积极鼓励和引导社会资本参与养老产业。以上文件出台后，国家和地方政府层面陆续出台了一系列支持康养产业发展的投融资机制方面的相关政策，为康养产业投融资机制的发展和完善创造了良好的政策环境，推动康养产业投融资机制不断优化和完善。

2014年至今，国务院政府工作报告中对于康养产业投融资的主要支持政策见表5-1。

---

① 老年人口抚养比，又称老年人口抚养系数，指老年人口数与劳动力人口数之比，通常用百分比表示，表明每100名劳动力人口要负担的老年人数量。该指标从经济学角度反映了人口老龄化的社会后果。

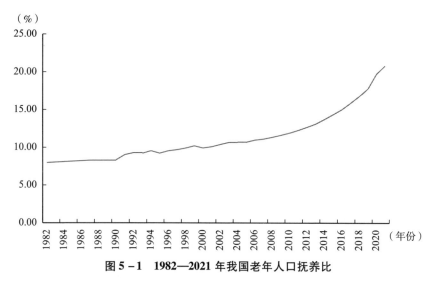

（%）

图 5－1　1982—2021 年我国老年人口抚养比

资料来源：Wind 金融数据库。

表 5－1　　　　　2014 年至今国务院政府工作报告中对于康养产业

投融资的主要支持政策

年份	支持政策
2014	支持社会力量兴办各类服务机构，重点发展养老、健康、旅游、文化等服务
2017	支持社会力量提供教育、文化、养老、医疗等服务
2018	支持社会力量增加医疗、养老、教育、文化、体育等服务供给
2021	促进医养康养相结合，稳步推进长期护理保险制度试点
2022	支持社会力量提供日间照料、助餐助洁、康复护理等服务，稳步推进长期护理保险制度试点

资料来源：根据各年国务院政府工作报告整理。

　　为加快推进康养产业发展，中国人民银行、财政部、银监会、保监会等多个部门分别牵头出台了一系列政策，不断加大对于康养产业的金融支持力度，使得康养产业发展的投融资机制不断得到优化和完善。从政策支持的领域看，由于养老服务的普惠性和民生事业性特征，以养老服务为政策支持的重点领域。从 2012 年后，国家密集出台了许多相关政策，涉及市场准入、税收优惠、财政补贴和财政支持、土地供应、投融资、养老人才培养和就业指导、法规标准和监管方针等方方面面,养老产业发展的政策红利不断释放。在养老服务业投融资方面也推出了一系列相关政策,促进了养老服务业投融资机制的完善。按照时间段可以分为三个发展阶段:2012—2014 年为第一个阶段,2015—2017 年为第二个阶段,2018 年至今为第三个阶段。

2012—2014 年的第一个阶段中,2012 年 7 月,民政部印发《关于鼓励和引导民间资本进入养老服务领域的实施意见》,推动民间资本参与养老服务领域;2014 年 8 月,财政部、商务部联合印发了《关于开展以市场化方式发展养老服务产业试点的通知》,确定了运用养老产业引导基金融资方式支持发展养老服务产业;2014 年 9 月,财政部、国家发展改革委、民政部、全国老龄办联合下发《关于做好政府购买养老服务工作的通知》,提出各级政府要通过列支财政预算的方式,确保政府购买养老服务的资金来源;2014 年 11 月,商务部印发《关于推动养老服务产业发展的指导意见》,提出加大对养老服务机构的信贷支持力度;2014 年 11 月,国务院印发《关于创新重点领域投融资机制鼓励社会投资的指导意见》,积极推进社会资本进入养老、文化、旅游等领域。各级政府要不断增加政府购买服务在医疗、养老、体育健身、文化等领域的使用。2012—2014 年我国颁布的养老服务领域主要投融资政策具体见表 5 - 2。

表 5 - 2   2012—2014 年我国颁布的养老服务领域主要投融资政策

序号	颁文机构	时间	文件名称	涉及养老服务业投融资的主要内容
1	民政部	2012 年 7 月	《关于鼓励和引导民间资本进入养老服务领域的实施意见》	加大对民间资本进入养老服务领域的资金支持。在安排中央专项补助资金支持社会养老服务体系建设工作中,要将民间资本参与运营或管理的养老机构纳入资助范围。各级民政部门福利彩票公益金每年留存部分要按不低于 50% 的比例用于社会养老服务体系建设,并不断加大对民间资本提供养老服务的扶持力度。鼓励金融机构加快金融产品和服务方式创新,通过创新信贷品种、增加信贷投入、放宽贷款条件、扩大抵押担保范围等方式,加大对民间资本进入养老服务领域的金融支持

续表

序号	颁文机构	时间	文件名称	涉及养老服务业投融资的主要内容
2	国务院	2013 年 9 月	《关于加快发展养老服务业的若干意见》	引导和规范商业银行、保险公司、证券公司等金融机构开发适合老年人的理财、信贷、保险等产品
3	财政部、商务部	2014 年 8 月	《关于开展以市场化方式发展养老服务产业试点的通知》	确定运用养老产业引导基金方式支持发展居家养老、集中养老、社区综合服务等面向基层大众的养老服务产业
4	财政部、国家发展改革委、民政部、全国老龄办	2014 年 9 月	《关于做好政府购买养老服务工作的通知》	政府购买养老服务资金在现有养老支出预算安排中统筹考虑。对于新增的养老服务内容，地方各级财政要在科学预算养老项目和补助标准基础上，列入同级财政预算
5	国务院	2014 年 11 月	《关于创新重点领域投融资机制鼓励社会投资的指导意见》	鼓励社会资本参与公立机构改革。鼓励社会资本加大社会事业投资力度。通过独资、合资、合作、联营、租赁等途径，采取特许经营、公建民营、民办公助等方式，鼓励社会资本参与教育、医疗、养老、体育健身、文化设施建设。各级政府逐步扩大医疗、养老、体育健身、文化等政府购买服务范围，各类经营主体平等参与。完善落实社会事业建设运营税费优惠政策。建立健全政府和社会资本合作（PPP）机制。推广政府和社会资本合作（PPP）模式，规范选择项目合作伙伴，引入社会资本，增强公共产品供给能力
6	商务部	2014 年 11 月	《关于推动养老服务产业发展的指导意见》	完善税费政策，全面落实国家关于发展家庭服务业、养老服务业等相关的税费扶持政策。加大养老服务体系建设的贷款投入力度。鼓励金融机构针对养老服务企业特点开展动产、网点经营权、租赁权等质押融资以及小额贷款保证保险，支持融资担保公司提供融资担保服务，提高对中小养老服务企业的融资担保能力

资料来源：根据国家相关政策整理。

由表 5－2 可以看出，2012—2014 年，国家层面主要围绕放松养老服务业市场准入、吸引民间资本投资、加大财政支持力度、落实税费优惠、加强养老服务业金融支持、拓宽养老服务业融资渠道等方面推出相关政策，将政府购买服务应用到养老服务业中，提出要将政府和社会资本合作（PPP）机制应用到养老服务业。

2015—2017 年的第二个阶段中，2015 年 2 月，民政部、国家发展改革委、教育部、财政部等 10 部委联合印发《关于鼓励民间资本参与养老服务业发展的实施意见》，支持采用股份制、政府和民间资本合作（PPP）等方式发展养老服务机构，加大对养老服务机构的财政资金投入力度；2015 年 4 月，国家发展改革委、民政部、全国老龄办联合下发《关于进一步做好养老服务业发展有关工作的通知》，要求探索建立多元化的投融资模式，各地政府要将社会福利事业的彩票公益金的 50% 以上用于养老服务业；2015 年 4 月，民政部、国家开发银行联合发布了《关于开发性金融支持社会养老服务体系建设的实施意见》，提出要充分发挥开发性金融的引领作用，吸引社会资本对于养老服务领域的资金投资，加快构建"政府引导、金融支持、社会参与、市场运作"的社会养老服务发展体制机制；2015 年 4 月，国家发展改革委发布了《养老产业专项债发行指引》，针对我国养老产品和服务供给不足的问题，鼓励养老企业通过专项债券融资的方式获得资金支持，特别是根据养老产业投资回收期较长的特点，支持养老企业发行 10 年期及以上的长期企业债券或者是可续期债券；2016 年 3 月，中国人民银行、民政部、银监会、证监会、保监会五部门联合发布了《关于金融支持养老服务业加快发展的指导意见》，从加强金融支持康养产业发展的组织体系建设、要求不同类型金融机构不断创新和完善养老服务信贷产品和服务、为养老企业创新和提供多元化融资渠道、优化保险资金在养老保险领域的使用等方面作出了具体规定，为各种类型金融机构加大对于康养产业的金融支持力度提供了政策指导；2016 年 12 月，国务院办公厅印发《关于全面放开养老服务市场提升养老服务质量的若干意见》，鼓励社会资本通过建立基金、发行企业债券等方式筹集资金，用于支持养老服务业发展；2016 年 12 月，国务院办公厅发布了《关于全面放开养老服务市场提升养老服务质量的若干意见》，引导社会资本和外资进入养老服务业，拓宽养老服务机构融资渠道，鼓励养老服务机构通过发行债券、基金等方式来进行融资，增加资金供给。鼓励银行业金融机构结合养老服务机构的特点，不断创新和丰富抵押物和质押物的种类，提高对于养老服务机构的信贷支持力度；2017 年 2 月，国务院印发《"十三五"国家老龄事业发展和养老体系建设规划的通知》，提出民政部门本级彩票公益金和地方各级政府用于社会福利事业的彩票公益金，50% 以上要用于支持发展养老服务业，并随老年人口的增加逐步提高投入比例；2017 年 8 月，财政部、民政部、人力资源和社会保障部联合印发《关于运用政府和社会资本合作模式支持养老服务业发展的实施意见》，引导和鼓励社会资本通过 PPP 模式参与养老服务供给。2015—2017 年我国颁布的养老服务领域主要投融资政策具体见表 5 - 3。

表 5 - 3　　2015—2017 年我国颁布的养老服务领域主要投融资政策

序号	颁文机构	时间	文件名称	涉及养老服务业投融资的主要内容
1	民政部、国家发展改革委、教育部、财政部等 10 部委	2015 年 2 月	《关于鼓励民间资本参与养老服务业发展的实施意见》	鼓励民间资本参与机构养老服务，支持通过采取股份制、股份合作制、政府和民间资本合作（PPP）等模式建设或发展养老机构。加大对养老服务业发展的财政资金投入。有条件的地区，可设立专项扶持资金。充分利用支持服务业发展的各类财政资金，探索采取建立产业基金、PPP 等模式，支持发展社会化养老服务产业，带动社会资本加大投入。通过中央基建投资等现有资金渠道，对社会急需、项目发展前景好的养老项目予以扶持
2	民政部、国家开发银行	2015 年 4 月	《关于开发性金融支持社会养老服务体系建设的实施意见》	发挥开发性金融的资金引领作用，吸引民间资本投入
3	国家发展改革委	2015 年 4 月	《养老产业专项债券发行指引》	加大债券融资方式对健康与养老服务等七大类重大投资工程包，以及养老健康消费等六大领域消费工程的支持力度，拉动重点领域投资和消费需求增长，在偿债保障措施较为完善的基础上，企业申请发行养老产业专项债券，可适当放宽企业债券现行审核政策及《关于全面加强企业债券风险防范的若干意见》中规定的部分准入条件。发行养老产业专项债券的城投类企业不受发债指标限制。优化养老产业专项债券品种方案设计

序号	颁文机构	时间	文件名称	涉及养老服务业投融资的主要内容
4	国家发展改革委、民政部、全国老龄办	2015年4月	《关于进一步做好养老服务业发展有关工作的通知》	进一步加大政府投入支持养老服务体系建设，要确保将政府用于社会福利事业的彩票公益金50%以上用于养老服务业。提出通过养老产业专项债券品种创新、企业项目收益债券、政府和社会资本合作、政府购买养老服务等举措，探索建立多元化的养老服务业投融资模式
5	国务院办公厅	2015年11月	《转发国家卫生计生委等部门印发的〈关于推进医疗卫生与养老服务相结合的指导意见〉的通知》	鼓励和引导各类金融机构创新金融产品和服务方式，加大金融对医养结合领域的支持力度；有条件的地方可通过由金融和产业资本共同筹资的健康产业投资基金支持医养结合发展
6	中国人民银行等五部门	2016年3月	《关于金融支持养老服务业加快发展的指导意见》	增强老年群体金融服务便利性，积极发展服务居民养老的专业化金融产品，鼓励银行、证券、信托、基金、保险等各类金融机构针对不同年龄群体的养老保障需求，积极开发可提供长期稳定收益、符合养老跨生命周期需求的差异化金融产品
7	国务院办公厅	2016年12月	《关于全面放开养老服务市场提升养老服务质量的若干意见》	明确提出完善财政支持和投融资政策。完善财政支持政策。各地要建立健全针对经济困难的高龄、失能老年人的补贴制度。对养老机构的运行补贴应根据接收失能老年人等情况合理发放。拓宽投融资渠道。鼓励社会资本采取建立基金、发行企业债券等方式筹集资金，用于建设养老设施、购置设备和收购改造社会闲置资源等。有条件的地方在风险可控、不改变养老机构性质和用途的前提下，可探索养老服务机构其他资产抵押贷款的可行模式
8	国务院	2017年2月	《关于印发"十三五"国家老龄事业发展和养老体系建设规划的通知》	完善投入机制。各级政府要根据经济社会发展状况和老年人口增长情况，建立稳定的老龄事业经费投入保障机制。民政部本级彩票公益金和地方各级政府用于社会福利事业的彩票公益金，50%以上要用于支持发展养老服务业，并随老年人口的增加逐步提高投入比例。引导各类社会资本投入老龄事业，倡导社会各界对老龄事业进行慈善捐赠，形成财政资金、社会资本、慈善基金等多元结合的投入机制

序号	颁文机构	时间	文件名称	涉及养老服务业投融资的主要内容
9	财政部、民政部、人力资源和社会保障部	2017 年 8 月	《关于运用政府和社会资本合作模式支持养老服务业发展的实施意见》	优化养老服务领域政府资金资源投入使用方向和方式，发挥引导带动作用，鼓励各类市场主体参与养老服务 PPP 项目，充分调动社会资本特别是民间资本的积极性，逐步使社会力量成为养老服务领域的主体。重点引导和鼓励社会资本通过 PPP 模式，立足保障型基本养老服务和改善型中端养老服务，参与养老服务供给
10	国家发展改革委办公厅	2017 年 8 月	《社会领域产业专项债券发行指引》	引导健康产业、养老产业、教育培训产业、文化产业、体育产业、旅游产业六大幸福产业中的企业发行专项债券，拓宽融资渠道，降低融资成本

资料来源：根据国家相关政策整理。

由表 5–3 可以看出，2015—2017 年，国家对于养老服务业的政策调控力度更大，投融资政策推出的频率更高，政策更加细化，措施更加具体，政策的可操作性也更强。相对于 2012—2014 年，对于养老服务业的投融资政策做了一些新的探索，养老服务业投融资政策也发生了一些新的变化：一是中国人民银行、国家开发银行等金融部门开始颁布一些政策，从金融创新、开发金融等角度支持养老服务业加快发展；二是开始推出产业专项债券的融资方式，应用于养老服务业；三是开始推出推动医养结合服务业发展的政策，要求金融机构要加大对于医养结合领域的支持力度；四是进一步深化了政府和社会资本合作模式（PPP 模式）在养老服务业的运用，提出了专门的实施意见。

2018 年至今的第三个阶段中，2019 年 4 月，国务院办公厅印发《关于推进养老服务发展的意见》，进一步为商业银行、基金公司、保险公司、信托公司等金融机构发展养老金融业务指明了方向，提出推动解决养老服务机构融资难的问题，提高养老服务企业的债券发行规模，全面落实外资养老服务机构的国民待遇。以上一系列的综合性的养老服务金融支持政策为金融支持养老金融业务发展指明了方向，为不同类型养老金融产品的发展提供了政策支持；2020 年 5 月，工业和信息化部、民政部、国家卫生健康委员会联合印发《关于组织申报〈智慧健康养老产品及服务推广目录（2020 年版）〉的通知》，对已纳入《智慧健康养老产品及服务推广目录（2020 年版）》的养老产品和服务，鼓励社会资金予以支持。2018 年至今我国颁布的养老服务领域主要投融资政策具体见表 5 – 4。

表 5 – 4　　　　2018 年以来我国颁布的养老服务领域主要投融资政策

序号	颁文机构	时间	文件名称	涉及养老服务业投融资的主要内容
1	证监会	2018 年 2 月	《养老目标证券投资基金指引（试行)》	规范养老目标的证券投资基金的运作
2	财政部、税务总局	2019 年 2 月	《关于明确养老机构免征增值税等政策的通知》	自 2019 年 2 月 1 日至 2020 年 12 月 31 日，医疗机构接受其他医疗机构委托，按照不高于地（市）级以上价格主管部门会同同级卫生主管部门及其他相关部门制定的医疗服务指导价格（包括政府指导价和按照规定由供需双方协商确定的价格等），提供《全国医疗服务价格项目规范》所列的各项服务，可适用《营业税改征增值税试点过渡政策的规定》第一条第（七）项规定的免征增值税政策。保险公司开办一年期以上返还性人身保险产品，在列入财政部和税务总局发布的免征营业税名单或办理免税备案手续后，此前已缴纳营业税中尚未抵减或退还的部分，可抵减以后月份应缴纳的增值税
3	国务院办公厅	2019 年 4 月	《关于推进养老服务发展的意见》	进一步为银行、基金、保险、信托等金融机构养老金融业务发展指明了方向，为不同类别的养老金融产品的发展提供了政策支持，拓宽养老服务投融资渠道
4	国务院办公厅	2020 年 6 月	《关于落实〈政府工作报告〉重点工作分工的意见》	大力发展养老特别是社区养老服务业，给予税费减免、资金支持、水电气热价格优惠等扶持
5	国务院办公厅	2020 年 12 月	《关于促进养老托育服务健康发展的意见》	综合运用财政、投资、融资等支持政策，扩大养老服务供给；对吸纳符合条件劳动者的养老托育机构按规定给予社保补贴；鼓励政府出资产业投资基金及市场化的创业投资基金、私募股权基金等，加大对养老领域的投资力度；创新信贷支持方式，推进应收账款质押贷款，探索收费权质押贷款；扩大实施养老产业专项企业债券和养老项目收益债券，支持合理灵活设置债券期限、选择权及还本付息方式，鼓励发行可续期债券；引导保险等金融机构探索开发有针对性的金融产品，向养老行业提供增信支持

续表

序号	颁文机构	时间	文件名称	涉及养老服务业投融资的主要内容
6	国家发展改革委、民政部、国家卫生健康委	2021 年 6 月	《"十四五"积极应对人口老龄化工程和托育建设实施方案》	创新优化中央预算内投资安排方式，以投资换机制，优化发展环境；根据国家财力状况统筹安排中央预算内投资，逐年安排，滚动实施。地方政府、项目单位等要发挥主体责任，多渠道筹措资金，加大投入；引进金融机构降低养老企业成本
7	国家发展改革委等 13 部门	2022 年 8 月	《养老托育服务业纾困扶持若干政策措施》	养老服务机构和托育服务机构属于中小微企业和个体工商户范畴、承租国有房屋的，一律免除租金到 2022 年底；2022 年，各地对符合条件的养老托育服务机构按照 50% 税额顶格减征资源税等"六税两费"，可按规定享受留抵退税政策；支持符合条件的养老企业发行公司信用类债券，拓宽养老企业多元化融资渠道

资料来源：根据国家相关政策整理。

　　由表 5 - 4 可以看出，2018 年后，国家对于养老服务业投融资方面的政策推出频率有所放缓，只推出了四项相关政策。其中，2019 年 2 月由财政部、税务总局联合印发的《关于明确养老机构免征增值税等政策的通知》，对于养老机构给予免征增值税的税收优惠政策规定。

　　鉴于保险资金的长周期、低成本特征，以及保险与养老产业具有的天然的内在联系，使得保险资金非常适用于对养老产业进行资金支持。2013 年以来，各部门相继出台了一系列文件，鼓励保险公司对康养产业进行投资，成为康养产业重要的投资主体。2013 年至今国家层面鼓励保险公司对康养产业进行投资的主要支持政策见表 5 - 5。

表 5 - 5　2013 年以来国家层面鼓励保险业积极参与养老服务业的主要支持政策

时间	文件名称	支持政策
2013 年 9 月 6 日	《国务院关于加快发展养老服务业的若干意见》	鼓励和支持保险资金投资于养老服务领域，开展老年人住房反向抵押养老保险试点

时间	文件名称	支持政策
2014 年 6 月 17 日	《关于开展老年人住房反向抵押养老保险试点的指导意见》	开展老年人住房反向抵押养老保险（以下简称反向抵押养老保险）试点
2017 年 7 月 4 日	《关于加快发展商业养老保险的若干意见》	商业保险机构要充分发挥其长期投资者的作用，以多种方式积极投资养老服务产业。支持符合条件的商业保险机构发起设立商业养老保险机构，拓宽民间资本参与商业养老保险机构投资运营渠道，允许专业能力强、市场信誉度高的境外专业机构投资商业养老保险机构。要求商业保险机构积极推出老年人长期护理保险、老年人住房反向抵押养老保险等适老性强的商业保险品种，不断丰富和完善养老保险产品和服务
2020 年 12 月 9 日	《医疗保障基金使用监督管理条例（草案)》	要适应群众对健康、养老、安全保障等需求，推动保险业深化改革开放、突出重点优化供给，提供丰富优质的人身保险产品
2021 年 3 月 5 日	《2021 年政府工作报告》	稳步推进长期护理保险制度试点
2022 年 2 月 21 日	"十四五"国家老龄事业发展和养老服务体系规划的通知	支持老年人住房反向抵押养老保险业务发展
2022 年 3 月 5 日	《2022 年政府工作报告》	稳步推进长期护理保险制度试点

资料来源：根据国家相关政策整理。

　　在以上政策的鼓励与支持下，商业保险机构投资养老服务业的积极性不断提高，与此同时，潜在的投资风险也在不断积累。为有效防范潜在的投资风险，确保商业保险机构的养老服务业投资活动实现可持续发展，2023 年 1 月 4 日，银保监会下发《关于规范保险公司销售保险产品对接养老社区服务业务有关事项的通知（征求意见稿)》，规范保险公司销售保险产品对接养老社区服务相关业务，进一步提升保险业服务国家多层次养老保障体系建设能力，增加人民群众多样化养老服务供给，不断推进保险业高质量发展。明确了保险公司开展"保险＋养老社区业务"的八个方面的资质条件，目前满足以上八个方面资质条件的保险公司只有 29 家，包括中国人寿、平安人寿、太保人寿、新华保险、泰康人寿、太平人寿、人保寿险、阳光人寿、中邮人寿、国华人寿、平安养老、友邦人寿、工银安盛、建信人寿、民生人寿、中信保诚、国民养老、招商信诺、中宏人寿、农银人寿、中意人寿、交银人寿、中英人寿、人保健康、平安健康、泰康养老、中美联泰、东吴人寿、幸福人寿。另外，《关于规范保险公司销售保险产品对接养老社区服务业务有关事项的通知（征求意见稿）》还要求保险公司全面建立风险防范机制，投资养老社区业务须成立专业的养老子公司，不得以养老社区投资为名投资开发和销售商业住宅，对接产品需匹配客户未来养老资金需求的年金及中长期保障型产品。以上文件的出台表明监管部门对于险资投资养老产业的监管力度将进一步加强，险资投资养老社区项目必须通过其成立的独立的养老子公司开展相关的业务，做好相关的风险隔离与防范。

总之，2013 年至今十年的时间里，国家层面出台了一系列的文件，支持和鼓励社会资本成为康养产业投资主体、鼓励康养企业加快融资步伐、加大开发性金融机构和商业性金融机构对于康养产业的支持力度、加大对康养产业发展的财政资金投入等。以上政策为我国康养产业投融资活动创造了宽松的政策环境，推动我国康养产业投融资机制不断完善和优化。

5.2　投资主体日益多元化

在国家政策的鼓励下，康养产业的投资主体不断完善，特别是社会资本正日益成为康养产业的重要的投资主体。最早进入康养产业的社会资本中，以地产类与保险类大资本为主体，随着相关鼓励性政策的不断推出和社会资本的持续涌入，社会资本对康养产业的投资从初始的以地产、医疗等为主的点状投资，拓展到对于康养产业的全产业链的投资。

5.2.1 养老产业投资主体

近年来，人口老龄化的不断加深推动我国养老产业的市场规模不断扩大。艾媒咨询数据显示，2021 年，我国养老产业的市场规模为 8.8 万亿元，预计到 2027 年我国养老产业市场规模将突破 20 万亿元。在养老产业领域，国家层面近年来不断推出新的政策，在运营主体上放宽市场准入，鼓励、支持民间资本进入养老产业。在国家政策的积极扶持下，我国养老产业进入快速发展阶段，科创企业、地产企业、保险企业等不同行业的企业跨界投资养老产业，保险公司中有一半以上涉足养老市场服务。养老产业另一个重要的投资主体是国有企业。国有企业承担着保障民生供给的社会责任，另外国有企业资金实力雄厚、土地资源丰富、自身信誉良好，这些都使得国有企业能够成为养老产业的重要的投资主体之一。据不完全统计，目前已有 20 多家保险公司、300 多家地产开发公司和大量的外资投资企业布局中国老年康养地产市场，投资总额超过6000 亿元。外资老年介护型医院和康养机构市场全面崛起。2014 年，商务部决定在北京市、天津市、上海市、江苏省、福建省、广东省、海南省七个省市放开外资设立独资医疗机构。随着老年康养医疗机构政策的变化，越来越多的外资老年病、康复、护理医院在国内落地，长期护理商业保险计划也将逐步开放。国外资本在老年长期护理市场领域的投资非常积极，呈现出快速发展的良好势头。

根据《康养蓝皮书：中国康养产业发展报告（2019）》，房地产公司和医疗机构借助其原有主营业务介入养老服务，成为我国在养老产业进行投资的重要来源。万科于 2009 年就进军养老地产，目前养老业务已布局 16 个城市。恒大健康已开发 12 个恒大养生谷项目，融创中国已布局养老项目 22 个，分别涉及养老病房、养老社区和候鸟式养老服务等。

总体上，医养服务类企业、地产类企业、保险类企业、国资类企业、科创类企业、外资类企业已经纷纷成为我国养老产业的重要参与主体，截至 2019 年 10 月，我国养老产业主要投资主体见表 5 - 6。

表 5 - 6　　　　　　　　　我国养老产业主要投资主体

医养服务类	地产类	保险类	国资类	科创类	外资类
鱼跃医疗	万科地产	泰康人寿	中信国安	阿里巴巴	Orpea
九安医疗	远洋	中国平安	国投集团	腾讯	Lendlease
麦麦养老	恒大	中国太保	华润集团	前海安测	Pulte Group
爱侬养老	绿城	中国人寿	首钢集团	中国普天	AVEO
柚瓣家	碧桂园	合众人寿	光大集团	易华录	元气村集团
华录健康养老	万达	新华保险	上实集团	同方	Domus Vi Group

资料来源：赛迪顾问，2019 年 10 月。

地产类企业、保险类企业是养老地产项目重要的投资主体。有代表性的地产类企业及其主要养老地产项目具体见表 5 - 7。

表 5 - 7　　　　　有代表性的地产类企业及其主要养老地产项目

企业名称	养老地产项目
万科地产	北京幸福汇
	香河万科欢乐城
	青岛万科城
	万科智汇坊
	杭州良渚文化村万科随园嘉树
保利地产	北京和熹会
	浙江西塘越
	和熹生活馆（广州）
远洋	"椿萱茂"金石滩·照料中心社区嵌入式长者中心
	"椿萱茂"青塔老年公寓
	"椿萱茂"双桥老年公寓
	"椿萱茂"亦庄·凯建老年公寓

续表

企业名称	养老地产项目
绿城	绿城乌镇雅园
	杭州蓝亭项目试水颐养公寓
绿地	孝贤坊

资料来源：和君康养事业部研究报告。

有代表性的保险类企业及其主要的养老地产项目见表5-8。

表5-8 　　　　有代表性的保险类企业及其主要的养老地产项目

企业名称	养老地产项目
中国人寿	国寿廊坊生态健康城
	苏州阳澄湖项目
中国平安	桐乡平安合悦养生养老综合服务区
泰康人寿	泰康之家·燕园
	泰康之家·申园
	泰康之家·粤园
	泰康之家·蜀园
	泰康之家·楚园
	泰康之家·大清谷
	泰康之家·吴园
	泰康之家·海棠湾
太平保险	"梧桐人家"高端老年颐养社区
合众人寿	武汉合众优年持续健康退休社区
	沈阳合众"健康谷"
	南宁"健康谷"
	合众"健康谷"
	合众大连"健康谷"
	合众人寿健康社区

资料来源：和君康养事业部研究报告。

5.2.2　医疗健康产业投资主体

根据《2020 年中国医疗产业投融资解读与展望》的数据，2015—2019 年，我国医疗器械市场规模从 3080 亿元增长至 6235 亿元，其间年复合增长率高达 19.3%。而同期全球医疗器械市场规模从 3710 亿美元增长到 4466 亿美元，年复合增长率为 3.7%，我国医疗器械市场规模增速显著高于全球医疗器械市场同期增速。另外，目前我国药械比为 1∶0.31，而全球平均水平为 1∶0.7，发达国家为 1∶1，我国发展潜力巨大，这给医疗产业带来了巨大的投资机会（亿欧智库，2020）。

根据《2020 年全球医疗健康产业资本报告》，2020 年，全球医疗健康产业融资总额为 749 亿美元（约 5169.3 亿元），一共发生 2199 笔交易，其中公开披露金额的融资事件为 1983 起。2020 年全球医疗健康融资总额创历史新高，同比增长 41%。全年 1 亿美元以上融资交易 205 起，占比高达 9%。2020 年国外医疗健康融资额和事件数双双创新高。2020 年我国医疗健康融资总额创历史新高，同比增长 58%。2020 年，单笔融资超过 1 亿美元达到前所未有的 205 起，同比增长近 80%，占比高达 9%。从细分领域来看，全球生物医药领域以 786 起交易、369 亿美元（约 2547 亿元）的融资规模位于首位，其次是数字健康领域和器械领域。2011—2020 年全球医疗健康领域融资额大于 1 亿美元的融资事件数不断增加。

在医疗健康产业领域，从 2015 年开始，网络医疗服务成为医疗产业投资热点，消费者人数和交易额增长迅猛；2016 年以来，新兴产业企业如阿里巴巴、腾讯、百度等纷纷抓住时机，在康养领域"跨界"投资民营医院等，并获得了市场和机构的广泛关注。2020—2022 年，受到新冠疫情的影响，医疗健康消费激增，引发了资本市场对于医疗健康企业的投资热潮，特别是智慧医疗健康企业受到的关注更多，成为最新的投资热点。《全球视野下的中国医疗健康资本市场》指出，2020 年 1～8 月，全球风投注资的医疗健康行业总投资额达到 350 亿美元，全球风投注资的医疗健康公司过亿美元的交易达 81 起，全球风投注资的医疗健康公司的 IPO 募集资金总额达到 120 亿美元。我国医疗健康投资额达 67 亿美元，生物制药领域交易总额达 34 亿美元。2020 年，在医疗健康领域，亚太地区的收购交易数上升至 156 笔，远超 2019 年的 68 笔，交易金额一并创下 169 亿美元的新高。我国是整个亚太地区的领头羊，占到地区总交易数的 60% 以上，远远高于 2019 年的 41%（浦发硅谷银行，2022）。根据硅谷银行的统计数据，2021 年上半年，风险资本和私募股权基金在全球投资的医疗健康企业有 185 笔交易超过 1 亿美元，比 2020 年前三季度还多。受到 2020 年首次公开募股的出色表现和大规模并购的推动，2021 年医疗领域的风险投资飙升到 470 亿美元，比 2020 年同期增长逾 1 倍。全球医疗健康产业在 2021 年的投资比 2020 年的 168 亿美元高出 30%。其中，美国、中国、英国、德国、瑞士是全球医疗健康融资案例数最多的几个国家。2021 年上半年，美国在医疗健康领域的融资事件和融资额都居于全球首位，分别为 770 起和 354.6 亿美元。中国紧随其后，居于第二位。中美两国医疗健康领域的融资事件和融资额总和在全球的占比分别为 83% 和 81%，占据绝大部分。美国 2021 年上半年医疗健康行业的风投基金融资规模比 2020 年增长 30%，中国增长 70%。在我国，2020 年有 144 家企业或机构成为生物医药投资行列的最新投资者。2021 年上半年，排名前十的大额基金对于康养产业的关注度在提升，前十大规模的基金募集有三成聚焦在医疗健康产业。在政策方面，各级政府也在积极引导社会资金向医疗健康领域加大相关资金的募集。在政策的引导和支持下，国内医疗健康行业实现稳定和扩张经营，在一定程度上加速了国内实体经济的复苏进度，同时也带动了整个康养产业提升了修复的力度。从投资主体角度看，投资者主要由产业投资者和金融投资者组成。在产业投资者中，医疗卫生占据主导地位，占投资规模的 61%，占总案件数量的 75%。除了医疗行业企业，其他投资者包括保险公司、房地产公司和互联网公司等。从融资市场看，2021 年上半年我国有 6 家医疗健康企业在美国上市，共募集 64 亿元的资金。从融资金额看，2021 年上半年 A 股 IPO 共有

30 家企业，共募集 201 亿元（何莽，2022）。

在我国，2020 年以来，以险企为代表的金融资本，如中国平安、泰康人寿、中国人寿、中融人寿等成为在医疗健康产业投资的重要参与者。泰康人寿最先涉足医养和大健康，中融人寿与海航投资合作，进行"养老社区＋保险"的合作模式探索。越来越多的险企关注并尝试进入医疗健康领域，投资力度越来越大，商业模式也已经初步成形；另外，来自科技领域的资本在医疗健康领域的投资增长迅速，主要包括互联网企业腾讯、阿里和百度等。腾讯、阿里健康、百度健康等先后推出老年人网络购物、线上健康医疗问诊、健康管理等服务。2023 年 4 月，北京圆心生命科技有限公司对天津小橙养老产业发展有限公司进行 A 轮融资，持股比例达到 21.58％，成为天津小橙养老产业发展有限公司的第二大股东，积极布局长期护理保险业务。2019 年和 2020 年初开始，资本市场在康养产业方面对于互联网智慧医疗领域更加青睐，投资力度不断加大。

5.3　投资方式不断丰富

投资是涉足康养产业最初始的环节，决定着需要资金量的多少、投资回报期的长短、投资收益的高低、投资风险的大小，还决定着所需要准备的资源以及必须符合的规章监管等。投资渠道不同，所投入的资金规模、投资回报期的长短、投资收益率的高低、投资风险的大小等都会有所区别。不同资金规模的投资商应当综合考虑自身资金量规模、资金运用风险以及资产与负债间的匹配程度等，选择最为适宜的投资渠道，也可以选择复合投资渠道。

作为一个极具发展潜力的产业，康养产业涉及面广泛，市场需求巨大，发展前景广阔，引起了保险公司、房地产商、各种战略投资者及金融机构的关注，产业投资力度不断加大。在国家政策的支持和鼓励下，我国康养产业投融资的政策环境不断优化，投融资渠道不断创新、数量不断增加。目前我国康养产业投资方式主要包括政府财政投资与国企投资、保险资本投资、股权并购投资和股权投资基金、政府和社会资本合作、科技资本、产业引导基金和产业投资基金、房地产投资信托基金、公益性社会组织投资等。

5.3.1 政府财政投资与国企投资

1. 政府财政投资

政府财政投资目前是康养产业投资成本最低的一种投资方式。目前政府财政资金对于康养产业的投资方式多种多样，从投资资金的形态上看，可以分为财政专项资金、政府购买服务、（福利）彩票公益金、政府补贴等。在养老服务的资金来源上，政府财政是基本养老服务和政府购买服务的主要资金来源，彰显更多的是社会福利特点（何莽，2021）。

目前公共财政仍然是我国康养产业，特别是养老产业的重要的投资渠道。中央政府的公共财政收入和地方政府的公共财政收入目前是我国养老服务产业的主要投入渠道。其中，从中央和地方政府的资金投入比例来看，地方政府的投入超过80%，成为我国养老服务业的最主要的资金来源。2014年8月，中央财政下拨服务业发展专项资金24亿元，支持在吉林、山东等8个省份开展以市场化方式发展养老服务的产业试点，加快推动重点省市的养老市场化进程。根据测算，"十三五"期间，公共财政支出用于养老支出的资金规模合计1100亿元，年均增长14.4%，高于同期公共财政支出增速。2020年，公共财政支出用于养老支出的资金规模约为261亿元。2021—2030年，公共财政支出用于养老支出的资金规模合计规模预计为7864亿元，年均增长14.6%。2030年，公共财政支出用于养老支出的资金规模将达到1023亿元（许江萍和张东志，2015）；除了中央政府的公共财政收入和地方政府的公共财政收入，我国养老服务产业的另外一个重要的公共财政投资渠道就是彩票公益金。近年来，彩票公益金对于养老服务产业的投资规模增长非常迅速。根据国务院的彩票公益金分配政策,彩票公益金在中央和地方政府之间按照 1∶1 的比例进行分配,并且要求专项用于养老、体育等社会公益事业,按照政府性基金管理办法纳入管理。中央集中彩票公益金,在全国社会保障基金、中央专项彩票公益金、民政部、国家体育总局之间进行分配,分配的比例为 60%、30%、5%、5%。其中分配给全国社会保障基金、中央专项彩票公益金的部分,有一定的部分会用于养老产业。分配给民政部的彩票公益金以及地方各级政府的彩票公益金,按照国家政策要求,要将一半以上的资金用于发展养老服务业。另外,从 2013 年开始,中央专项彩票公益金新增了对于农村养老服务项目的投入,当年安排支出 10 亿元。2019 年 4 月,国务院要求民政部本级和地方各级政府的彩票公益金加大倾斜力度,到 2022 年确保不低于 55% 的资金用于支持发展养老服务。"十三五"期间,彩票公益金用于养老支出的资金规模合计 1734 亿元,年均增长 18%,高于同期公共财政支出增速(许江萍和张东志,2015)。其中,地方彩票公益金的比重为 84.2%。2020 年,彩票公益金用于养老支出的资金规模约为 454 亿元。2021—2030 年,彩票公益金用于养老支出的资金合计规模预计为 10345 亿元,年均增长 14%。2030 年,彩票公益金用于养老支出的资金规模将达到 1680 亿元。"政府购买养老服务"是公共财政投资养老产业的一种新的模式。在政府购买养老服务这种新模式下,政府不再是养老服务的直接提供者,而成为养老服务的出资方和委托人,有相关资质和能力的社会机构是养老服务的主要提供者,享受相关政策照顾和扶助范围的老年人是服务的消费者。我国从 2017 年开始大力推行政府购买服务,推动专业化的居家社区养老机构的发展。"政府购买养老服务"这种模式在本质上是国家为了履行其社会服务的职能,在政府主导下,由社会力量参与,共同解决社会养老问题,满足社会对养老服务需求的新模式。在政府、社会、市场的良性互动中,政府通过市场准则向社会机构购买养老服务,既使得财政投入更好地得到了利用,节省了行政成本,减轻了政府的负担,又在履行政府社会职能的同时使得资源得到最优化的配置。21 世纪后，这一模式在我国被用于试点，2000 年开始，上海市开始在部分县通过"购买服务"由政府向困难老人承担全部或部分服务费用。2003 年，江苏省南京市鼓楼区政府为辖区内的 100 位老人购买了养老服务，并自此之后每年都从财政预算中拿出一定经费为辖区内的老人购买养老服务。之后，浙江省宁波市、吉林省松原市、河北省张家口市、湖北省长沙市等也进行了积极的试点探索。目前，政府购买养老服务的模式在我国还处于实践探索阶段。从发达国家的发展经验来看，这一模式不仅符合我国当前的需求和未来的发展需要，也顺应整个社会发展的一般规律，不仅可以实现政府和市场的双赢，而且还可以产生很多其他方面的社会效益。未来，随着我国社会保障制度的不断健全，养老服务内容的不断完善，以及政府职能的进一步转变和治理能力的不断提升，这种养老服务提供方式的新模式将会发挥越来越重要的作用；政府补贴是政府财政投资的另一种方式。2019 年 8 月起，中央预算内投资实施差别化补助，按每张养老床位 2 万元的标准支持居家社区型和医养结合型机构建设，按每张养老床位 1 万元的标准支持学习型和旅居型机构建设。

2. 国企投资

国有企业资金实力雄厚，有能力承担建设周期长、投资规模大的康养项目。近年来，在国家政策的支持下，国有企业迅速成长成为康养产业的重要的投资主体。目前已经布局康养产业，对康养产业进行积极投资的中央国企包括中国铁建、通用资本、光大养老、华润维麟、中国康养、国投健康、国药康养等企业；已经布局康养产业，对康养产业进行积极投资的地方国企包括北京健康养老集团有限公司、上海健康养老领域国有企业集团、山东颐养健康产业发展集团有限公司、云南省康旅控股集团有限公司、华润辽宁健康产业投资集团有限公司等企业。近年来，多家央企宣布联合参与设立中国康养产业投资有限公司，利用中央企业的优势，有效整合康养资本和康养资源，促进康养产业实现快速发展。

2019 年底，中国铁建股份有限公司（以下简称"中国铁建"）设立中铁建康养投资有限公司，专门参与康养产业投资以及康养服务运营等业务；2020 年以来，云南省康旅控股集团有限公司按照云南省委、省政府"打造文化旅游、健康服务两个万亿级产业龙头企业"的定位和要求，加大了对于文旅康养产业的投资力度，提升了企业在文旅康养领域的竞争实力；2021 年，中国铁建房地产集团、中国健康养老集团、大家健康养老产业投资管理公司、国药医疗健康产业有限公司联合出资设立了中国康养产业投资有限公司，作为培养康养服务业的专门的平台；2021 年 10 月，北京健康养老集团有限公司（以下简称"北京康养集团"）正式成立。该公司作为北京市属国企，聚焦康养产业开展业务，在北京市范围内大力发展普惠型养老服务，推动北京市康养服务事业和康养服务产业的高质量发展。北京康养集团由京能集团牵头组建，是国企投资康养产业的一个重要范例。目前投资康养产业的国有企业，从行业分布看主要集中在房地产开发企业和医院等医疗企事业单位。对于房地产开发企业，进军养老产业后往往比较重视打造舒适的养老环境，同时往往忽略人们对软件环境的服务需求。医疗事业单位则是康养项目中最核心的资源，他们比较注重健康养老产品的开发以及医疗服务，能够满足人们对软件环境的服务需求。因此，目前很多房地产开发企业和医疗事业单位开始开展合作，共同提供康养服务。近年来，北京市在社区居家养老建设过程中，政府逐渐退出经营，仅仅发挥监督管理、资金支持等作用。在政府的大力支持和引导下，国有企业通过成立居家社区养老集团公司，作为社区居家养老建设重要的投资主体，发挥专业化优势，对社区居家养老提供大量基础服务，开展连锁化运营。作为北京大型国企的北控集团，目前在北京等地拥有多家养老机构，提供养老服务。2015 年底，北控集团的子公司北控医疗健康产业集团有限公司斥资 1.38 亿元，收购了福建社区居家养老服务先行者福龄金太阳健康养老股份有限公司 51% 的股份，成为社区居家养老大型收购第一大案。福龄金太阳健康养老股份有限公司成立于 2013 年，是福建省最早进入社区居家养老服务的企业之一。物产中大集团是浙江省首家完成混合所有制改革实现整体上市的省属特大型国有控股企业。2016 年，公司开始全面布局养老服务业务领域，致力于五星级养老机构的开发运营和社区养老服务机构的开发运营，并提供养老机构建设咨询服务，围绕高端养老、医养一体养老等特色优势，打造医养一体的高端养老机构。招商局蛇口工业区控股股份有限公司是招商局集团旗下城市综合开发运营板块的旗舰企业，近年来，公司在"主动健康管理"理念的指导下，积极布局智慧健康管理、全场景养老、精品专科医院三大康养服务业务。与招商信诺人寿合作，构建保险与医养合作模式。国有企业在引导康养产业规范发展方面具有资源和政策两方面的优势。从 2016 年底开始，中央国企及地方国企就开始投资康养项目，逐步开发运营各类康养产品与服务。中山大学康养旅游与大数据团队最新调研显示，"十三五"期间，在优化国有资本结构及布局、推动创新资源整合协同的背景下，中央国企的数量调整为 97 家，其中有 38 家开展相关康养业务工作，推动建设约有 6 个百亿级康养超级项目。目前国有企业进军康养产业主要通过以下三条路径来实现：一是设立专业的康养子公司，从事康养产业的投资和运营；二是以基金、债券等金融手段介入，直接获得康养企业的部分控制权；三是与社会资本合作成立相关项目或公司，通过专业性较强的社会资本直接开展康养相关的产品和服务的运营（何莽，2022）。

5.3.2 保险资本投资

保险业的属性和经营特征决定了保险资金非常适合投资于康养产业。保险公司拥有的资金往往规模较大、周期较长、成本较低，商业保险资本具备以上特征，正好能够满足养老产业的投资需求。保险公司一直在养老服务体系中发挥着关键作用。养老保险的缴纳是一个长期持续的过程，所以保险公司有足够的资金可以来投资康养产业，特别是养老产业（刘相芳，2021）。另外，保险业的经营特征也决定了保险公司投资康养产业具有其独特的优势。一是可以锁定一批老年客户群，围绕老年人生活需求，提供相应的服务，延伸产品线，提升商业价值；二是保险资金投资康养产业具有很强的产业带动效应，可以衔接康养产业中的医疗、康复、养老、养生等环节，延长康养产业链；三是保险资金在投资康养产业的同时能够带动老年医学、护理服务、老年科技产品等领域的业务发展；四是在社会效益方面，保险资金投资康养产业是对社会保障体系的重要补充，有利于地方经济发展和民生的改善。

以 2014 年 8 月国务院印发的《关于加快发展现代保险服务业的若干意见》等为标志，近年来，国家层面陆续出台一系列政策，将康养产业作为保险行业发展的一个新的发展领域，鼓励并支持保险公司进入康养产业，为保险和康养的结合创造了很好的政策环境（何莽，2018）。在政策红利的支持下，近年来，商业保险企业纷纷投资养老产业，包括泰康保险、大家保险、建信人寿、阳光保险、中国太保、太平人寿、中国人寿、中国平安、君康人寿、新华保险等。泰康人寿最先涉足医养、大健康领域，在很多城市打造了连锁高端养老社区，已经基本完成了在国内东、西、南、北、中的养老社区布局。泰康人寿从保险出发，沿着生命周期全面布局养老服务的全产业链。2020 年，其高端客户数量突破 10 万人，资管规模达到 2 万亿元。"保险＋养老"的业务模式在公司呈现出快速发展的良好态势；中国太保制定了《太平洋保险养老产业发展规划》，中国太保寿险公司在全国范围内积极布局养老产业，太保家园养老社区已经成为中国太保布局养老产业的重要支撑点；2019 年 10 月，太平人寿出资兴建了首个旗舰型养老社区项目"梧桐人家"；中国人寿与美国魅力花园（Merrill Garden）公司联合开发，定位于复合型中高端养老养生社区的苏州阳澄湖半岛项目，推出"养老养生＋健康管理"模式，为保险业参与养老产业创造出一种新的商业运作模式（何莽，2018）。2021 年 1月，中国人寿设立了国内规模最大的专注于养老产业的投资基金——北京国寿养老产业投资基金，资金总规模达 200 亿元，另外，中国人寿还设立了金额达 500 亿元的大健康基金，打造了国寿嘉园·乐境（天津）、国寿嘉园·雅境（苏州）、乐城馨苑康养中心（博鳌）等一批高品质养老社区；2021 年 5 月，中国平安重磅推出一个全新康养品牌——"平安臻颐年"，聚焦一二线城市，建设高端康养社区；中国人保将"健康养老"列入公司发展战略中，构建起"保险＋投资＋养老"的一体化服务体系，确定了"三位一体"的养老社区建设战略和"养老专业服务机构开发计划"；新华保险积极推动养老产业与保险产业的协同发展。2022 年新华保险半年报显示，该公司从"乐享、颐享、尊享"三大社区产品线全面落地后，2022 年延庆养老社区筹备开业并推进体验式营销，康养产业发展不断向前推进；君康人寿计划五年内布局 5～10 家康养社区，预计总投资 70 多亿元打造康年华康养社区，同时还推出了配合康养社区的专属保险产品计划——"君康幸福·里"保险产品计划。君康人寿将保险产品、社区养老、医疗照护以及健康管理服务相互融合，是目前保险公司进军康养产业的常见模式（何莽，2020）。目前，有越来越多的商业保险机构关注并尝试进入养生养老行业，投资力度越来越大，具体可行的商业模式已经逐渐由龙头企业探索成型。一些保险资本还积极探索与其他社会资本的合作投资模式，如中融人寿与海航投资合作，进行"养老社区＋保险模式"的新探索。截至 2021 年 6 月，全国范围内共有 13 家保险机构投资了近 60 个养老社区项目。同时，保险资本在养老以及养老产业上下游的医疗、健康等领域布局的私募股权投资基金规模已经超过 2340 亿元。新华保险提出在"十四五"期间，将加强康养产业投资布局，并筹划组建康养产业投资运营管理平台。

　　随着后疫情时期的到来，2022 年保险资本加快了在康养产业投资的步伐，2022 年我国险资布局康养产业情况具体见表 5 - 9。

表 5 - 9　　　　　　　　2022 年我国险资布局康养产业情况

时间	险资名称	布局康养产业情况
2022 年 1 月 18 日	复星保德信人寿	发布星享寿康养品牌
2022 年 5 月 31 日	友邦保险	与"寿山福海"合作，公建民营

时间	险资名称	布局康养产业情况
2022 年 6 月 27 日	交银人寿	打造"养老服务 + 金融保险"
2022 年 7 月 1 日	友邦保险	升级"康养生态圈"保险 + 养老私顾 + 服务的模式
2022 年 7 月 23 日	中意人寿	推出居家康养品牌——"悦养老"
2022 年 8 月 1 日	长城人寿	推出"曦园养老服务"项目
2022 年 8 月 23 日	中信保诚人寿	乐城养老签署战略合作
2022 年 9 月 2 日	华泰保险	与北京幸福颐养医疗控股，就保险、医疗康养、客户服务、品牌塑造达成合作
2022 年 9 月 23 日	中国平安	发布居家养老品牌——"平安管家"
2022 年 11 月 8 日	工银安盛人寿	发布养老服务平台——"盛华年"
2022 年 11 月 8 日	大家保险	第六家城心医养社区落地成都
2022 年 11 月 11 日	中宏保险	养老综合服务焕新升级
2022 年 12 月 15 日	阳光人寿	"橙意"服务体系

资料来源：和君康养事业部研究报告。

保险资本投资养老项目通常采用以下三种模式：重资产模式、股权投资模式、轻重结合模式。这三种模式的投资资金量、投资方式、投资风险各不相同，具体见表 5－10。

表 5－10　　　　　　　　保险公司投资养老项目的三种模式

参与模式	实例	优点	缺点
重资产模式	泰康健投	重资产投入，可控性强，自主灵活	缺乏房地产开发建设经验，建设周期较长
股权投资模式	大家保险	布局快，运营能力实现较快提升	接手运营较慢，保单带动作用为主
轻重结合模式	中国人寿	重资产实现品牌价值，轻资产项目实现区域连锁化扩张	保单带动显著，康养社区扩展难以跟上保单销售速度
	太平保险	合作项目实现区域布局，自建项目实现品牌建设	合作项目床位占用难以保障，且难以实现品牌打造

资料来源：和君康养事业部研究报告。

从投资领域看，社区居家养老服务和医养融合产业是保险资本投资康养产业的重点领域。以平安保险为例，其重点投资于社区居家养老服务；2023 年 1 月，爱心人寿增发 3.2 亿股，注册资本金由 17 亿元增加至 20.2 亿元，其增发的股本全部投资于北京新里程健康产业集团有限公司，从而持有该公司总股本的 15.8416%，成为北京新里程健康产业集团有限公司战略类的第一大股东。

长期护理保险制度和老年人住房反向抵押养老保险制度在我国的构建与实施也决定了保险公司必将成为康养产业重要的投资主体。

我国从 2016 年开始探索建立长期护理保险制度。2016 年 6 月，人力资源和社会保障部办公厅印发《关于开展长期护理保险制度试点的指导意见》，选择部分城市和省份开展长期护理保险试点。《2019 年政府工作报告》提出"扩大长期护理保险制度试点"。2020 年 9 月，国家医保局、财政部联合印发《关于扩大长期护理保险制度试点的指导意见》，新增北京石景山区、天津、昆明等 14 地作为试点城市。2020 年 10 月，党的十九届五中全会提出要"衔接配合建立长期护理保险制度"。截至 2021 年底，长期护理保险的试点城市已经达到 49 个，参保人数超过 1.45 亿，累计享受待遇人数 160 万人。年人均减负超过 1.5 万元。除了社保长期护理保险，我国也在一定程度上构建了商业长期护理保险。2005 年，国泰人寿推出了我国第一款具有商业性质的长期护理保险产品。2022 年 9 月，中国保险行业协会、瑞士再保险瑞再研究院联合发布《中国商业护理保险发展机遇——中国城镇地区长期护理服务保障研究》，指出 2021 年我国城镇地区老年人长期护理服务保障的缺口巨大，为 9217 亿元，意味着 35% 左右的长期护理服务保障需求存在缺口。我国城镇地区老年人长期护理服务发展潜力巨大，2030 年的长期护理服务保障需求为 3.1 万亿元，2040 年接近 6.6 万亿元，约为 2021 年的 5 倍。2030 年，长期护理服务保障的缺口将由 2021 年的 9217 亿元增加到 1.9 万亿元，2040 年将增加到 3.8 万亿元。以上报告还提出，长期护理保险业务的发展有助于改善长期护理服务的融资结构。在其他条件不变的情况下，假设长期护理保险的扩面速度等于基本医保的发展速度，其对老年护理服务的资金支持力度将不断提升，长期护理保险资金对城镇老年人护理服务需求的贡献度将由 2021 年的 1.2% 提高到 2040 年的 8.9%。长期护理保险能够为长期处于失能状态的群体提供托底保障。我国人口老龄化不断加深，根据全国老龄办的调查数据，我国处于失能、半失能老年人数量众多，2021 年为 4400 万人，占老年总人口的 16.67%。因此，尽快构建起适合我国国情的长期护理保险制度意义非常重大。但近年来我国商业长期护理保险业务整体发展较为缓慢，商业长期护理保险的影响力依然有限。究其原因，尚未形成独立的筹资体系和支付体系是最根本的原因。目前多数试点城市的长期护理保险是交由商业保险公司承办的，而其融资渠道和支付仍然严重依赖医保基金，这使得商业长期护理保险不可避免地面临较大的资金压力。另外，由于种种原因，目前我国还未形成可以在全国推广的长期护理保险模式，这在很大程度上影响了长期护理保险业务的发展速度。我国长期护理与商业保险的发展晚于日美近 40 年，而老年人口规模超过日美人数 5 倍。建议借鉴日本的经验，随着老龄化程度的加深，医疗、护理等方面的保险压力越来越大，可以通过促进医养结合，完善老年人医疗与护理保险制度。

近年来，老年人住房反向抵押养老保险备受重视，2014—2018 年，保监会和银保监会三次发布文件推动老年人住房反向抵押养老保险发展。2014 年 6 月，保监会发布《关于开展老年人住房反向抵押养老保险试点的指导意见》，在北京、上海、广州和武汉正式启动住房反向抵押养老保险试点；2015 年 3 月 27 日，保监会批复幸福人寿《幸福房来宝老年人住房反向抵押养老保险》产品；2015 年 4 月，该产品在北京、上海、武汉完成首批承保，试点期间优先面向孤寡失独老人、低收入家庭和高龄老年群体；2016 年 7 月，保监会发布《关于延长老年人住房反向抵押养老保险试点期间并扩大试点范围的通知》，延长反向抵押保险试点期限。2018 年 8 月，银保监会发布《关于扩大老年人住房反向抵押养老保险开展范围的通知》，将老年人住房反向抵押养老保险从此前的试点扩大到全国范围开展。

5.3.3 股权并购投资和股权投资基金

上市公司往往是产业投资的重要力量。从并购区域看，主要集中在核心经济圈，包括京津冀地区、长三角地区和粤港澳大湾区。2015 年底开始，上市公司通过股权并购方式，积极投资康养产业。并购标的以连锁化养老机构、社区养老服务站、智慧养老服务公司为主，股权并购以控股为主要目的，不过多参与企业经营。南京新百是单独列支康养业务的上市公司中经营规模最大的上市公司。2015 年，南京新百开始向康养产业转型，主要布局大健康产业，包括智慧养老和居家养老等领域。南京新百主要通过聚焦居家养老和智慧社会领域，从国内外筛选出康养产业的成熟企业，通过股权收购的方式，投资康养产业。2015 年后，公司先后收购了多家养老服务企业，包括国内最大的居家养老服务企业——安康通和禾康养老，以色列的全球性居家养老企业纳塔力（Natali）公司和居家长期护理服务（A. S. Nursing）公司，构建起自身的养老生活服务平台。安康通是一家全国性的居家养老为主的健康服务型企业。2016 年，南京新百收购了安康通股权估值的 84%，合计 4. 16 亿元。另外，南京新百还并购了以色列最受认可的"医疗健康解决方案和紧急医疗服务"公司、全球领先的健康养老服务企业 Natali 公司，以及以色列领先的 A. S. Nursing 公司；2015 年底，北控医疗健康产业集团有限公司斥资 1. 38 亿元，收购了福建社区居家养老服务先行者福龄金太阳健康养老股份有限公司 51% 的股份，成为当年社区居家养老大型收购第一案；2016 年 1 月，宜华健康斥资 4. 08 亿元收购了亲和源集团有限公司 58. 33% 的股份；2016 年 5 月，光大股份收购了汇晨养老 67. 27% 的股份，成为中国光大集团旗下专业养老服务公司——光大汇晨；2016 年 6 月，中金瑞华并购了夕悦老年颐养服务机构，实际控股 60%；交大昂立也是通过股权收购的方式，投资康养产业。交大昂立于 2001 年在上海证券交易所 IPO 上市，是中国保健食品行业首家上市企业。2019 年 3 月，交大昂立以 6 亿元现金收购了佰仁健康旗下上海仁杏健康管理有限公司100%的股权。2022年3月，上市公司三星医疗发布公告，公司下属的子公司宁波奥克斯康复医疗投资管理有限公司拟以自有资金收购南京明州康复医院、武汉明州康复医院、长沙明州康复医院、常州明州康复医院、宁波北仑明州康复医院五家医院的100%的股权，股价超过8.4亿元。

2020年我国涉足康养领域的上市企业主要集中在养老地产领域，占比45.70%。其次是医养结合领域，占比18.50%；智慧养老领域，占比17.50%；再次是养老领域，占比5.40%；其他领域，占比13.00%（何莽，2020）。

截至2018年上半年，生命健康产业成功IPO的企业有360家，首发募集资金2405.33亿元，平均首发募集6.68亿元，广东、浙江、上海、北京、江苏是当前成功IPO企业数量排名前五的省市。2019年8月，君康人寿宣布涉足康养产业，进军大健康产业，是君康人寿价值转型的重要一步。

"健康中国"概念的上市公司共91家，该概念下的产业链包括两条：一条是医疗机构、医疗投资和食品药物；另一条是医疗器械和疗养康复。"健康中国"概念有代表性的上市公司具体见表5-11。

表5-11　　　　　　"健康中国"概念有代表性的上市公司

产业链	有代表性的上市公司
医疗机构	九安医疗、宜华健康、澳洋健康、美年健康、爱尔眼科、三诺生物、乐普医疗、泰格医药
医疗投资	悦心健康、三星医疗、三鑫医疗、博济医药
食品药物	贵州百灵、莲花健康、云南白药、片仔癀、太安堂
医疗器械	融捷健康、小商品城
疗养康复	世荣兆业

康养产业一般是指专门为老年人提供产品和服务的产业，包含养老服务、智慧养老、养老地产、旅居养老、老年用品五个细分产业。以下

针对狭义的康养产业，分析其上市公司的变化情况。

截至 2019 年，A 股上市公司中涉及或正在布局康养产业的公司共 41 家，分别为：白云山、陆家嘴、康美药业、同仁堂、中南建设、汤臣倍健、延安必康、机器人、九州通、首开股份、东软集团、南京新百、闻泰科技、上实发展、万达信息、东方国信、以岭药业、易华录、世联行、中新药业、奥佳华、世荣兆业、宜华健康、中关村、太极集团、云南城投、久远银海、交大昂立、易联众、华业资本、京汉股份、ST 椰岛、凤凰股份、双箭股份、湖南发展、悦心健康、融捷健康、欣龙控股、金陵饭店、新华锦、信隆健康。41 家涉足或正在布局康养产业的上市公司中，大部分公司的主营业务并非养老（健康）产业，有些公司还是刚刚才布局养老产业，主要集中在养老服务及养老机构运营、智慧养老、养老地产及旅居和养老用品四个领域。而在 2017 年，香港就先于内地，出现了以养老服务为主营业务的上市公司，包括松龄护老集团、嘉涛（香港）控股、恒智控股、恒大健康、中国医疗集团、北控医疗健康、佳兆业集团、环球医疗、华润医疗、康健国际医疗、新世纪医疗、弘和仁爱医疗、瑞慈医疗等。标志着香港康养产业投融资机制更加成熟与完善。另外，截至 2019 年，A 股上市公司中涉足或正在布局康养产业的公司集中度非常低，企业经营规模普遍比较小。41 家上市公司中，市值过百亿的上市公司有 21 家，市值达数十亿的上市公司有 20 家，尚未出现市值过千亿的康养产业上市公司，整个养老行业尚未出现市场占有率较高的龙头企业。

经过三年的发展，截至 2022 年，A 股上市公司中涉足或正在布局康养产业的上市公司从 2019 年的 41 家增加至 43 家。从布局领域看，仍然是主要集中在养老服务及养老机构运营、智慧养老、养老地产及旅居和养老用品四个领域，但布局结构发生了很大的变化。布局养老服务及养老机构运营的康养上市公司的占比从 2019 年的 36.58% 提高到 2022 年的 55.81%，增加了 19.23 个百分点；布局智慧养老的康养上市公司的占比从 2019 年的 19.52% 提高到 2022 年的 20.94%，增加了 1.42 个百分点；

布局养老地产及旅居的康养上市公司从 12 家减少为 6 家，占比从 2019 年
的 29.27% 降低到 2022 年的 13.95%，减少了 15.32 个百分点，主要原因
是近几年宏观政策对于房地产行业的控制与收紧，导致对于康养地产的
市场需求降低，康养地产的盈利周期进一步延长，上市公司布局康养地
产的积极性有所降低；布局养老用品的康养上市公司的占比从 2019 年的
14.63% 降低到 2022 年的 9.30%，减少了 5.33 个百分点。从布局康养产
业的 A 股上市公司的集中度看，集中度有所提高，43 家上市公司中，市
值过百亿的上市公司有 17 家，市值达数十亿的上市公司有 25 家，出现了
1 家市值过千亿的康养产业上市公司。2019 年和 2022 年布局康养产业上
市公司的布局领域具体见表 5 - 12。

表 5 - 12 我国 2019 年和 2022 年布局康养产业上市公司的布局领域

年份	布局养老地产及旅居的上市公司		布局养老服务及养老机构运营的上市公司		布局智慧养老的上市公司		布局养老用品的上市公司	
	数量/家	占比/(%)	数量/家	占比/(%)	数量/家	占比/(%)	数量/家	占比/(%)
2019	12	29.27	15	36.58	8	19.52	6	14.63
2022	6	13.95	24	55.81	9	20.94	4	9.30

资料来源：和君康养事业部研究报告。

截至 2022 年，在 43 家布局康养产业的上市公司中，在年报中单独列支
康养业务，对康养业务进行独立核算的上市公司有 10 家，具体见表 5 - 13。

表 5 - 13 2022 年在年报中单独列支康养业务的上市公司

公司名称	列支科目	营业收入/元	毛利率/(%)
南京新百	健康养老、护理业	1950261597.33	30.00
诚益通	康复医疗器械	222700743.64	66.41
大湖股份	医疗服务	215082545.96	40.29
交大昂立	医养	159768650.32	37.49
宜华健康	养老专业服务	93267749.44	-49.00

公司名称	列支科目	营业收入/元	毛利率/(%)
悦心健康	大健康（康养/医疗）	84418147.92	—
中关村	养老健康	51320030.64	-87.60
ST 海投	养老服务行业	35195536.73	34.63
恒锋信息	养老服务业	20603955.42	—
湖南发展	医养健康	5155767.69	-114.46

资料来源：和君康养事业部研究报告。

截至 2021 年底，我国医疗保健行业（提供医疗保健设备、用品、服务和技术的行业）上市公司 158 家。我国医疗保健行业上市公司 2013—2020 年核心财务指标情况具体见表 5 - 14。

表 5 - 14　我国医疗保健行业上市公司 2013—2020 年核心财务指标

指标	2013 年	2014 年	2015 年	2016 年	2017 年	2018 年	2019 年	2020 年
收益率								
销售毛利率	12.99	12.96	14.01	15.07	16.38	17.95	18.23	20.69
三费/销售收入	9.07	8.97	9.52	9.89	10.90	11.47	11.65	11.03
销售净利率	3.41	3.35	3.78	4.17	4.37	4.27	3.26	6.35
资产获利率								
ROE	11.15	11.46	12.02	11.79	11.78	11.38	8.18	16.15
ROA	5.11	5.07	5.33	5.60	5.62	5.08	3.75	7.15
增长率								
销售收入增长率	15.31	19.11	15.41	17.95	14.71	17.37	13.6	9.45
净利润增长率	15.32	18.59	22.44	24.47	22.08	7.68	-18.00	121.19
总资产增长率	15.86	18.17	23.28	23.19	22.48	23.41	9.11	15.86
股东权益增长率	12.06	18.45	24.08	34.21	17.46	17.13	9.56	19.52
资本结构								
资产负债率	56.43	56.69	56.08	51.69	54.57	57.37	56.41	54.37

指标	2013 年	2014 年	2015 年	2016 年	2017 年	2018 年	2019 年	2020 年
流动比率	1.47	1.44	1.43	1.55	1.47	1.43	1.42	1.45
速动比率	1.10	1.08	1.09	1.21	1.16	1.14	1.14	1.19
资产管理效率								
总资产周转率	1.50	1.51	1.41	1.34	1.29	1.19	1.15	1.13
固定资产周转率	16.12	15.64	14.32	13.10	13.03	12.89	12.17	11.40
应收账款周转率	5.53	5.04	4.69	4.62	4.36	3.96	3.87	4.04
存货周转率	6.89	6.95	6.53	6.83	7.04	6.77	6.86	6.85

注：除流动比率和速动比率外，其他数据单位为次。

资料来源：Wind 金融数据库。

整体上，目前我国康养产业集中度较低，企业规模整体上比较小，康养企业以中小型企业为主。相对于上海证券交易所和深圳证券交易所，新三板和北交所的上市申请时间周期相对较短，如北交所一般是 65 个工作日内可以完成上市审批流程，符合条件的中小型康养企业可以积极申请在新三板或北交所上市，并以此作为过渡，在条件成熟时，向上海证券交易所和深圳证券交易所转板。

2015 年 11 月，国务院办公厅转发国家卫生计生委等部门《关于推进医疗卫生与养老服务相结合的指导意见》，提出有条件的地方可通过由金融和产业资本融资的健康产业投资基金支持医养结合发展。当月，保利地产与太平人寿披露双方拟联合发起设立国内首只专注于健康及养老产业领域的股权投资基金，主要用于养老地产开发、养老服务平台运营以及养老产业研究，探索引入保险资金开发养老社区的新模式。2022 年 6 月，中国太保正式设立太保源申康复股权投资基金（武汉）合伙企业。该基金由中国太保旗下的子公司太保私募基金管理有限公司作为管理人发起设立，中国太保寿险作为投资人认购了不超过 30 亿元的份额。中国太保推出了《2020—2025 年大健康发展规划》，提出将大力发展康复医疗项目。

根据贝恩公司最新研究报告，在医疗健康领域，2020 年的亚太地区收购交易数量为 156 笔，比 2019 年增加 88 笔，披露交易金额创下 169 亿美元的历史新高。在医疗器械市场，2015—2019 年，我国医疗器械市场规模从 3080 亿元增长到 6235 亿元，其间年复合增长率达到 19.3%，远远高于全球 3.7% 的年复合增长率。到 2024 年，我国医疗器械市场规模将达到 12295 亿元。2020 年 6 月 1 日，《中华人民共和国基本医疗卫生与健康促进法》的正式实施将对医疗大健康行业的投资并购带来较大影响。加强对基层医疗的财政投入，将带动社会资本对于基层医疗的投资。另外，社会办医与公立医院平等地位的确立，以及相应的政府补贴、税收、科研教学、用水、用气、用热等配套政策的实施，将为民营资本投资医疗大健康行业发挥积极作用。

5.3.4 政府和社会资本合作

现代意义上的政府和社会资本合作（Public Private Partnership，PPP）又称公私合营或公私合作，发源于 20 世纪 90 年代的英国，支持私人部门在特许经营期内通过"政府付费"的方式投资公共产品。从历史发展的进程来看，推行 PPP 模式的直接动因是"政府包办公共服务"的财政压力和低效率，发达国家将 PPP 模式作为缓解财政压力、提高公共服务效率的重要创新手段，是对传统意义上应由政府负责并主导的社会公共服务体系的补充或替代。由于康养产业中的基础养老、公共医疗等具有公益性或半公益性的特征，因此 PPP 模式成为康养产业投资的重要渠道。目前 PPP 模式已经在全球范围内被广泛应用于公共管理的各个领域。在 PPP 模式中，政府是整个 PPP 项目的发起人和最终所有者。政府通过公开招标采购等方式选定社会资本公司，双方共同出资组建项目公司，并授予项目公司建设运营的特许经营权，政府和社会资本方共同建立起"利益共享、风险共担、全程合作"的合作模式（杨文海和刘明海，2018）。PPP 模式对于经济社会发展的积极影响可以概括为以下几个方面：一是 PPP 模式能够有效调配社会资源，缓解政府的财政压力；二是 PPP 模式能够优化公共基础设施建设项目的风险分担，从而降低项目的整体成本；三是 PPP 模式能够增加公共产品和服务的供给，有利于不断提升公共产品和服务的质量；四是 PPP 模式能够提高项目运行的效率，从而促进经济增长与产业的协同发展（徐玉德，2018）。

随着我国改革开放以来经济的快速发展，社会公众对于公共基础设施建设和改善的需求不断增加，对于公共基础设施的财政资金投入与社会公众对公共产品需求之间的缺口不断加大，PPP 模式在我国公共基础设施中的应用范围不断扩大。2005 年，国务院印发《关于鼓励支持和引导个体私营等非公有制经济发展的若干意见》，提出"允许非公有资本进入公用事业和基础设施领域"；2010 年国务院印发《关于鼓励和引导民间投资健康发展的若干意见》，鼓励和引导民间资本进入基础产业和基础设施领域、市政公用事业和政策性住房建设领域；2013 年，国务院、财政部、发改委相继印发了一系列鼓励和支持 PPP 发展的政策文件；2014 年 5 月，财政部的政府和社会资本合作（PPP）工作领导小组的正式成立为财政部的政府和社会资本合作（PPP）的发展提供了组织保障。2014 年后，从中央到地方政府推出了数量较多的 PPP 项目，社会上形成了一波 PPP 投资的热潮。

养老、旅游、文化、教育、体育五类行业被称作幸福产业。2017 年 7 月，财政部在第四批 PPP 示范项目申报筛选工作的通知中提出，要优先支持包括养老产业在内的幸福产业的 PPP 项目。PPP 模式开发康养产业项目是一个复杂的系统工程，对项目前期准备要求较高，从项目萌芽到落定耗时较长，其间需要大量的调研和缜密论证。PPP 协议的核心要件是价格和服务标准。由于 PPP 项目的准经营性特征，财政补贴是项目的重要收入来源，PPP 项目补贴到什么程度，需要政府有较强的测算能力和拿捏水准。PPP 模式适用于绝大多数公益性事业投资，如市政交通设施、港口、码头、水务、能源、公共交通、医院、养老院等，因此是康养产业投资的重要手段。

2014 年开始，政府和社会资本合作（PPP）模式在公共服务领域得到推广，在康养产业也得到积极应用。在 PPP 模式下，实行政府和社会资本合作，鼓励私营企业、民营资本与政府合作，参与康养项目的建设（程丹，2020）。引入政府和社会资本合作（PPP）模式有利于推进养老服务的供给侧结构性改革，有助于解决社区居家养老服务存在的资金不足、供需不平衡、服务质量低下等诸多问题，有利于应对我国养老问题，并推动社区居家养老的新发展（杜偲偲，2023）。2016 年 3 月，中国人民银行、民政部、银监会、证监会、保监会五部门联合印发《关于金融支持养老服务业加快发展的指导意见》，鼓励各地采取政府和社会资本合作（PPP）的方式建设养老项目，积极鼓励商业银行、证券公司等金融机构为采取政府和社会资本合作（PPP）方式建设的养老项目提供融资支持。2016 年，为扩大公共服务供给，提升公共服务供给效率，政府在公共服务领域大力推广 PPP 模式，PPP 模式在养老产业也得到积极应用。根据财政部官网数据显示，截至 2016 年、2017 年、2018 年，养老 PPP 项目入管理库数量分别为 10 项、292 项、135 项。截至 2020 年 1 月，养老 PPP 项目入管理库数量 108 项，占比 1.1%；养老 PPP 项目入管理库投资规模达到 706 亿元，占比 0.5%；养老 PPP 项目累计落地项目 64 项，占比 1%；养老 PPP 累计落地项目投资额 455 亿元，占比 0.5%。从投资领域看，以养老服务类、医养结合类为主，在一定程度上实现了对养老产业的资金支持。截至 2021 年三季度末，全国政府和社会资本合作（PPP）综合信息平台管理库中，养老行业累计项目数为 100 个，占比 1%；养老行业累计项目投资额 610 亿元，占比 0.4%；2014 年以来累计签约落地项目数 65 个，占比 0.9%；2014 年以来累计签约落地项目投资额 401 亿元，占比 0.3%。2021 年 8 月 27 日，亚洲开发银行（以下简称"亚行"）执董会以简化程序批准了湖北襄阳公共服务领域 PPP 促进示范项目Ⅱ（居民养老示范项目）。该项目总投资约 2.58 亿欧元，亚行提供约 1.26 亿欧元主权贷款，政府配套

1.32 亿欧元。亚行贷款期限 25 年，含 6 年宽限期，旨在通过建立养老体系，扩大养老和医疗服务供给，吸引私营部门参与，支持湖北襄阳养老事业发展。

　　2017 年 6 月至 2022 年 9 月，我国医疗卫生领域 PPP 落地项目投资额从 367 亿元增长到 1620.33 亿元，保持了较高的增速，具体变化趋势如图 5 -2 所示。

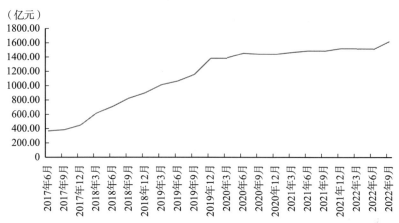

图 5 - 2　2017 年 6 月至 2022 年 9 月我国医疗卫生领域 PPP 落地项目投资额

资料来源：Wind 金融数据库。

　　但同期我国医疗卫生领域 PPP 项目数却经历了一个快速增长后又迅速下降的发展趋势，从 2016 年 3 月的 375 项增加到 2017 年 6 月的 580 项后，又下降到 2022 年 9 月的 365 项。2016 年 3 月至 2022 年 9 月我国医疗卫生领域 PPP 项目数变化趋势如图 5 -3 所示。

　　在养老领域，PPP 项目数从 2016 年 3 月的 201 项增加到 2017 年 8 月的 322 项后，又下降到 2022 年 9 月的 168 项，经历了一个快速增长后又迅速下降的发展趋势，具体如图 5 -4 所示。

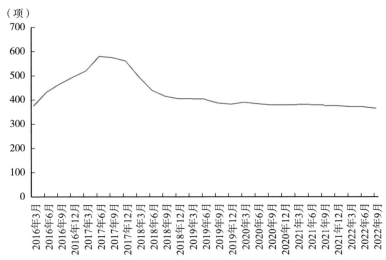

图 5 – 3　2016 年 3 月至 2022 年 9 月我国医疗卫生领域 PPP 项目数

资料来源：Wind 金融数据库。

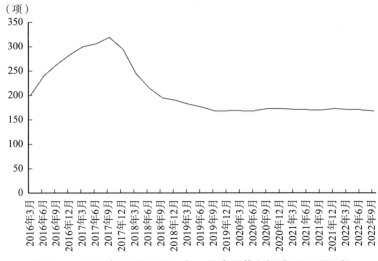

图 5 – 4　2016 年 3 月至 2022 年 9 月我国养老领域 PPP 项目数

资料来源：Wind 金融数据库。

在养老领域 PPP 项目投资额方面，从 2016 年 3 月的 1348 亿元增加到 2017 年 10 月的 1905.67 亿元后，又下降到 2022 年 9 月的 947.21 亿元，也同样经历了一个快速增长后又迅速下降的发展趋势，具体如图 5 – 5 所示。

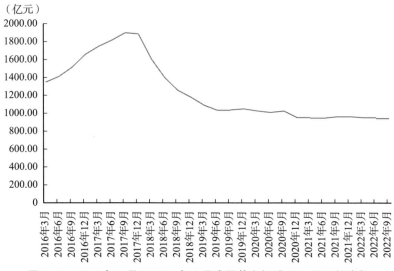

图 5 – 5　2016 年 3 月至 2022 年 9 月我国养老领域 PPP 项目投资额

资料来源：Wind 金融数据库。

在医养结合领域，PPP 项目数从 2017 年 9 月的 94 项减少到 2022 年 9 月的 63 项，经历了下降的发展趋势，具体如图 5 – 6 所示。

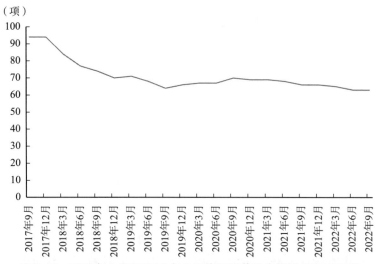

图 5 – 6　2017 年 9 月至 2022 年 9 月我国医养结合领域 PPP 项目数

资料来源：Wind 金融数据库。

在医养结合 PPP 项目投资额方面，从 2017 年 9 月的 769.08 亿元增加到 2018 年 2 月的 884.79 亿元后，又下降到 2022 年 9 月的 536.92 亿元，也同样经历了一个快速增长后又迅速下降的发展趋势，具体如图 5 - 7 所示。

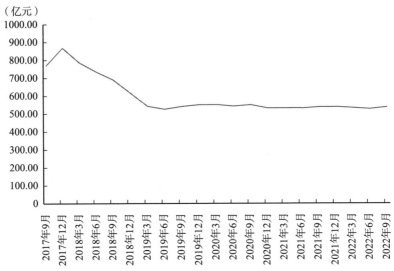

图 5 - 7　2017 年 9 月至 2022 年 9 月我国医养结合 PPP 项目投资额

资料来源：Wind 金融数据库。

5.3.5　科技资本

近年来，伴随着智慧康养产业的快速发展，来自科技领域的资本不断增加。以互联网企业腾讯、阿里以及百度等企业为代表，通过投资民营医院，间接投资于互联网医疗、智慧养老等智慧康养产业，推出老年人网络购物、线上健康医疗问诊、健康管理等线上服务（何莽，2021）。2022 年 4 月，国家卫健委印发《全国护理事业发展规划（2021—2025年)》，要求有效增加老年护理服务供给，推动云计算、大数据、物联网等新一代信息技术与卫生健康服务深度融合，提高护理服务效率，完善护理服务体系。科大飞讯推出了两款可服务于老年人的康护机器人，集

"测、诊、疗、管、陪"等功能于一体；中瑞福宁公司开发了专注于老年陪伴的机器人；2022 年 7 月，广西腾讯创业投资有限公司投资福寿康智慧（上海）医疗养老服务有限公司，对于促进福寿康智慧（上海）医疗养老服务有限公司居家养老业务的智能化、科技化发展发挥了积极的推动作用；京东健康是京东集团旗下的专注于医疗健康业务的子公司，作为医疗产业链数字化改造的领跑者，公司致力于打造以医药和健康产品供应链为核心，以数字驱动为动力的健康管理企业。目前公司正在积极布局以下四大业务板块：医药供应链、互联网医疗、健康管理和智慧医疗。

5.3.6　产业引导基金和产业投资基金

产业发展专项基金是中央政府和地方政府为引导与支持特定产业的发展而设立的产业投资平台。产业发展专项基金主要包括产业引导基金和产业投资基金两种类型。产业引导基金是国家和地方政府为引导与支持特定产业发展而设立的产业融资平台，具体由政府发起设立，地方社会资本参与。通过产业引导基金，可以对国家预算资金实施商业化运作，提高财政资金的使用效率。同时，可以发挥示范作用，引导国企、上市公司和民营资本的投资，带动相关产业的发展。产业引导基金与产业投资基金都涉及政府与社会资本的合作，不同的是产业引导基金往往是向特定行业、特定区域、特定目标进行适度的倾斜，具有非营利性、导向性、市场化运作、间接性等特点；产业投资基金具有定向性、多方合作、规模不定等特点（柴晶霞，2019）。产业引导基金采取股权入股、政府购买服务等市场化方式，可以有效地引导社会资本加大对某一产业的投入，形成一种混合所有制的形式（刘佳琪，2019）。

目前，我国康养产业整体上面临着投资规模大、回收周期长、运营难度大、产业利润薄等诸多难题，严重制约着我国康养产业的发展，也严重影响着社会资本对于康养产业投资的积极性。截至目前，我国康养产业只有产业引导资金，尚未推出产业投资基金。2014 年，吉林、内蒙古、山东、安徽、湖北、湖南、甘肃、江西八省份被确定为开展养老产业引导基金试点的省份，以上八个省份均成立了专门的养老产业基金管理公司，主要定位于为本地的养老产业提供投资。养老产业引导基金投资涉及 30 多个项目，其中养老服务项目不足一半，多数项目投资于康复、医疗、医药等大健康领域。投资地域主要为本地投资。2015 年 8 月，湖南省成立了全国首支省级政府引导性健康养老产业投资基金，首期规模为 45 亿元，开辟了政府创投引导基金的典范（董克用和姚余栋，2017）。截至目前，我国养老产业引导基金发挥的作用比较有限。中央和部分地方（福建省、云南省、湖北省、吉林省、广东省、上海市等）相继设立了健康产业发展专项基金，其中深圳市生命健康产业发展专项基金扶持计划单项高达 3000 万元。越来越多的健康类企业青睐以健康产业投资基金和健康产业引导基金为主导的产业基金作为较为可靠的融资方式。与此同时，各地政府也通过健康产业引导基金支持相关产业发展。2019 年 4 月，泰康人寿与武汉市政府共同发起设立规模达 200 亿元的武汉大健康产业基金，旨在为武汉大健康产业发展提供长期资金支持。截至 2019 年，我国主要的康养产业引导基金具体如表 5 - 15 所示。

表 5 - 15   2019 年我国主要的康养产业引导基金

基金名称	出资人
湖南省健康养老产业投资基金	湖南健康养老产业投资基金企业（有限合伙）
甘肃省养老服务产业发展基金	甘肃省养老服务产业发展基金（有限合伙）
江西省养老服务产业发展基金	江西养老服务产业发展基金（有限合伙）
山东省烟台市养老产业引导	烟台市财金投资有限公司
安徽省健康养老服务产业投资	安徽省中安健康养老服务产业投资合伙企业（有限合伙）
湖北省养老服务业发展引导	湖北九州通高投养老产业投资基金合伙企业（有限合伙）
吉林省养老服务产业基金	吉林省养老服务产业基金合伙企业（有限合伙）
内蒙古自治区养老服务产业政	内蒙古财颐养老服务产业基金管理中心（有限合伙）

资料来源：《中国养老金融发展报告（2019）》。

通过养老产业引导基金，一方面，实现了对国家预算资金在养老产业领域的商业化运作，在一定程度上提高了财政资金的使用效率；另一方面，养老产业引导基金的运作也发挥了政府财政资金的示范效应，对于国企、上市公司、民营资本等投资于康养产业发挥了引领作用。根据中投产业研究院发布的《2019—2023 年中国政府引导基金深度分析及发展战略研究报告》，截至 2019 年 8 月 13 日，我国医疗健康行业政府引导基金主要投资领域为医疗健康、生物医药、硬科技和大数据等领域。医疗健康领域的投资规模为 43.37 亿元，生物医药领域的投资规模为 30 亿元，硬科技领域的投资规模为 9.7 亿元，而投资企业分别为 122 家、46家、18 家。

除了政府发起的产业引导基金之外，一些金融机构、民间资本等也发起了健康养老产业投资基金，这些基金对项目本身的要求较高。据清科研究中心旗下私募通统计数据显示，2019 年第二季度，健康养老产业投资基金对于生物技术和医疗健康行业的投资较多，总投资项目数为 109起、总投资规模为 49.15 亿元，主要投资于医疗服务、健康应用、移动医疗应用、智能穿戴/智能硬件、健康大数据等生物技术和医疗健康领域。上海康养是一家具有功能保障属性的康养企业，多年来该企业通过聚焦普惠型养老服务和多元化的养老服务业务，发展成为在上海市具有影响力的养老企业。近年来，上海康养紧紧抓住国家大力推进养老金融的契机，在政府的大力支持下，构建了以与银行机构的信贷合作、与保险公司的养老产业合作、与社会资本的投资管理合作等为一体的养老金融体系。此外，上海康养还设立了康养产业发展投资基金，通过引入保险、银行等金融机构的投资和社会资本的参与，重点投向政府鼓励的养老服务和养老产业。

5.3.7 房地产投资信托基金

在房地产投资信托基金（Real Estate Investment Trusts，REITs），投资

者将基金汇集到房地产投资信托基金公司并得到以发行的收益凭证作为底层资产的权利证明。房地产投资信托基金公司利用专业投资技能对汇集的资金进行经营，投资方向集中于带来稳定租金收入的房地产项目、房地产贷款、财产抵押贷款或抵押贷款支持证券（MBs），所得收益按照投资比例进行分配。房地产投资信托基金模式的特点是收益长期稳定、流动性良好、投资风险较低，可以享受税收优惠，投资简单、运营制度透明等。房地产投资信托基金本质上是一种资金集合，对于中小企业而言，资本量不大也可以参与投资。在美国，房地产投资信托基金模式的资产构成及收益来源都比较简单、比较清晰，公司型或契约型REITs也都有严格的运营规章及法律法规来进行规范。作为上市流通的证券产品，房地产投资信托基金在市场准入、运营章程、高管任职资格、利润分配、监督管理、会计审计、公开信息披露等方面都有着严格的法律标准，投资信息获得也十分便利，因此非常适宜那些对康养产业并不熟悉的机构进行投资。房地产投资信托基金模式最常见的投资方式有两种，即净出租模式和委托经营模式。净出租模式是指将养老相关物业出租给运营商，每年收取固定的租金费用，直接运营费用、社区维护费用、税费、保险费等费用都由运营商承担，在这种模式下，房地产投资信托基金公司几乎不承担任何经营风险；委托经营模式是将养老相关物业托管给运营商，运营商每年收取相当于运营收入5%~6%作为管理费，但不承担运营亏损的风险，也不获取剩余收益，所有的经营收入都归房地产投资信托基金公司所有，经营成本和经营风险也由房地产投资信托基金公司承担。应用于康养产业的房地产投资信托基金，是指一家或几家投资机构集合资金以建立信托的方式交给信托公司，并规定投资方向为康养产业。根据美国房地产投资信托基金的月度统计数据报告，截至2018年6月底，美国上市交易的养老房地产投资信托基金共有19只，总市值逾926亿美元，在所有类型的房地产投资信托基金中占比为6%，已经占据一席之地，发展前景可观（刘佳琪，2019）。房地产投资信托基金模式是美国养老地产发展的中坚投资力量，美国的前10大养老社区中，有5家被房地产投资信托基金所持有（孙博，2016）。

　　在我国，房地产投资信托基金的使用目前还处于起步阶段。2016年6月，万科联手鹏华基金发起国内首只公募房地产投资信托基金。截至2022年10月13日，我国已上市的公募房地产投资信托基金的数量为19只，其底层资产主要集中在产业园、高速公路、保障性租赁住房、仓储物流、污水处理、清洁能源等领域。随着我国康养产业的快速发展，未来我国的房地产投资信托基金产品的底层资产将逐步向医疗产业等康养领域拓展，房地产投资信托基金在康养产业中的应用将越来越广泛。

5.3.8　公益性社会组织投资

　　目前国内从事养老项目投资的公益性基金主要有中国福利教育基金会长青基金，其属于政府投资基金，用途为"资助建设适合老年人居住的养老公寓"。长青基金已经与山东新建业集团、首创置业、重庆和润养生老年公寓发展公司等合作开发老年住宅。整体上，公益性社会组织的公益性基金目前发展还不够成熟，基金数量相对较少，基金运作不太规范，因而除了几个规模较大、成立时间较长且具有半官方背景的公益性基金外，直接投资兴办养老服务设施的公益性基金并不是很多。

5.4　融资渠道走向多样化

　　作为一个极具发展潜力的产业，康养产业涉及面广泛，市场需求巨大，这引起了保险公司、房地产商、各种战略投资者以及金融机构等主体对于康养产业的关注，康养产业的融资渠道也逐渐走向多样化。目前康养产业的融资渠道主要包括养老专项债券融资、政策性低息贷款融资、商业贷款融资、股权融资、BOT融资、信托融资等。

5.4.1 养老专项债券融资

企业债券是企业依据法定程序发行，约定在一定期限内还本付息的债券。公司债券的发行主体是股份公司，但也可以是非股份公司的企业。因此，在对债券进行分类时，公司债券和企业发行的债券往往合并在一起，直接称为公司（企业）债券。国家发展改革委近年来采取企业债券分类管理、企业债券预审权下放到省级、鼓励企业债券融资方式创新等一系列改革措施，在以上政策的支持下，近年来我国的企业债券市场发展迅猛。2015 年起，养老专项债券融资方式被推出，地方政府通过发行养老专项债券积极支持本地养老产业的发展。湖南、贵州、辽宁、四川等省份积极响应，陆续成立了本地的养老产业专项债券。而在实践中，发行养老产业专项债券筹集的资金主要被用于养老地产类项目，实际用于养老服务企业的资金较少，养老产业专项债券对于养老产业的支持作用没有得到充分的发挥。2015 年 4 月，国家发展改革委制定了《养老产业专项债券发行指引》，为民间资本进一步进入养老服务业敞开了大门。文件明确，募集资金占养老产业项目总投资比例由不超过 60% 放宽到不超过 70%。支持企业通过发行养老产业专项债券扩大养老产业投资基金的资本规模。目前在我国，养老产业专项债券的发行申报不再设立区域限制、期限限制，以及发行规模的限制。近年来，国家发展改革委多次批复同意设立康养旅游景区、康养中心，以及养老产业的项目。康养产业专项债券的发行规模不断加大，发展潜力巨大。目前，对于养老产业专项债券的运营模式还处于探索阶段，只有湖南、浙江、辽宁、贵州和四川 5 个省份对此进行了一些探索实践。为进一步发挥养老专项债券的融资作用，2017 年 8 月，国家发展改革委办公厅印发了《社会领域产业专项债券发行指引》，旨在引导健康产业、养老产业、教育培训产业、文化产业、体育产业、旅游产业六大幸福产业中的企业通过发行专项债券，拓宽融资渠道，降低融资成本。社会领域产业专项债券，是指由市场化运营的公司法人主体发行（公立医疗卫生机构、公立学校等公益性质主体除外），募集资金主要用于社会领域产业经营性项目建设，或者其他经营性领域配套社会领域产业相关设施建设的企业债券。与康养产业相关的社会领域产业专项债券主要包括两种：健康产业专项债券和养老产业专项债券。健康产业专项债券主要用于为群众提供医疗、健康管理等健康服务项目；养老产业专项债券主要用于为老年人提供生活照料、康复护理等服务设施设备，以及开发康复辅助器具等产品项目。社会领域产业专项债券的发行申报不设区域和期限限制，发行规模也没有限制。因此，通过健康产业和养老产业专项债券，康养产业项目可以争取到成本较低、期限较长、额度相对较大的国债和地方债券来弥补项目建设过程中的资金不足，也可以争取到期限较短、额度较低的短期债券来解决短时间的资金不足（蔺锁柱，2020），因此社会领域产业专项债券是目前康养产业获得低成本融资的很好的渠道之一。中国老龄事业发展基金会、公益基金康养产业基金近年来不断推出养老目标基金，但总体上由于目前债券筹资的限制条件比较多，我国养老专项债券融资规模偏小，其在康养产业中的应用还不普遍，未来有比较大的发展空间。

5.4.2　政策性低息贷款融资

政策性金融支持指的是政府及政府性金融机构，不以营利为目的，对养老产业和养老机构提供的金融支持活动。政策性金融支持以政策性低息贷款融资为主要方式（孙博，2016）。

从世界各国看，政策性低息贷款是基础设施等公共领域的重要的融资来源。近年来，我国加速推进对于养老产业的政策性金融支持。公共健康、基本医疗卫生服务、基本养老服务等保障性康养产品是一个面向全民的产业，具有事业性的特征。政策性金融具有财政与金融相融合的特征，决定了政策性金融能够成为对保障性康养产品提供融资的重要工具。

以国家开发银行为例，2015 年，国家开发银行推出了养老产业政策性低息贷款，通过发挥政策性金融功能对养老产业发展提供资金支持。政策性低息贷款覆盖面较广，涵盖全国各个核心省份和地区。资金规模较大，支持领域较广泛，包括养老安居工程、养老医疗、老年文化、社区服务等各个方面。2018 年，国家发展改革委、财政部、亚洲开发银行三方达成一致意见，筹集总额高达 60 亿美元的"一揽子"支持，用于支持实施乡村振兴战略。其中，国家开发银行与国家发展改革委签署了 1.5 万亿元的协议，主要用于农村康养产业地方建设。截至 2020 年 8 月，国家开发银行已累计支持了 396 个客户的养老项目建设，覆盖 30 个省份，累计提供政策性低息贷款融资 386 亿元。国家开发银行是第一家组建养老业务专门处室的金融机构、第一家出台养老行业专项评审制度的金融机构、第一家设立养老专项贷款的金融机构。2020 年 9 月，国家开发银行召开开发性金融支持康养产业推进会，提出"十四五"期间要推动实施养老业务"331"工程，即开发培养 300 家养老龙头企业、支持 300 座城市养老服务体系建设、投放 1000 亿元养老服务专项贷款。2021 年 12 月，国家开发银行与民政部联合印发了《关于"十四五"期间利用开发性金融支持养老服务体系建设的通知》，提出要支持各地有效利用国家开发银行的养老服务体系建设专项贷款。

以中国农业发展银行为例，2019 年，中国农业发展银行与国家发展改革委签约，共同支持普惠养老专项行动，并签署了《关于合作开展城企联动普惠养老服务专项行动战略合作协议》。按照以上协议的要求，中国农业发展银行将对国家发展改革委确定的城企联动普惠养老服务项目提供优质的金融服务，开辟信贷绿色通道，通过政策性低息贷款推动普惠养老专项行动能够切实取得实效，促进我国的养老服务体系建设进一步保基本、补短板，让广大普通老年人享受到价格合理、方便可及的普惠养老服务，全力推动城乡基本公共服务实现均等化和一体化发展。2020 年，中国农业发展银行浙江分行支持嘉善县罗星街道养老服务中心项目建设。嘉善县罗星街道养老服务中心项目是嘉善县域首个医养一体化项目，定位为医疗与养老结合的创新型养老服务中心，项目建成后，将新增养老及医疗床位共计628个。中国农业发展银行浙江省分行为嘉善县罗星街道养老服务中心项目提供了一系列政策性低息贷款融资服务，合计高效审批城乡一体化贷款4.5亿元，执行下浮50个基点的优惠利率，确保了项目建设对于资金的需求。

5.4.3　商业贷款融资

近年来，在国家政策的支持下，商业银行对于康养产业的支持力度不断加大，不同类型的商业银行，包括国有控股商业银行、股份制商业银行等都加大了对于康养产业的信贷投放力度，商业银行对于康养产业的融资力度持续加大。总体而言，银行贷款具有获取资金数额大、资金融通速度快、利息较低等优点，我国康养企业需要融资时大多都会申请银行贷款。但银行作为投资方，必须考虑信贷的风险，康养产业投资周期长、投资规模大，使得银行贷款的风险增大，所以规模较小的康养项目获得商业贷款融资的难度还是比较大的。

商业银行对于康养企业、康养项目的信贷支持，体现了商业银行对于康养产业的投资。国有控股商业银行对于康养产业的信贷融资方面，以中国农业银行和中国工商银行为例，2018年11月，中国农业银行总行率先出台了《养老服务行业信贷政策（2018年制定）》，提出可向养老服务机构发放流动资金贷款和长期固定资产贷款，这是中国农业银行首次针对养老服务行业出台的专项信贷政策文件；2019年，中国农业银行广东分行与珠江投资签订了"共同支持康养产业"的合作协议。通过中长期项目贷款、流动资金贷款等信贷产品和提供优惠利率、创新投融资模式等方式，对珠江投资股份有限公司的重点项目、重点领域优先给予金融支持。重点在健康养生、城乡养老社会服务机构和区域性健康养老示范基地等领域开展合作，支持和服务广东珠江投资股份有限公司打造国内领先、国际知名、技术尖端、社会认可的医疗康养产业，为老年人提供自理、介护、介助一体化的居住设施和"医养结合、持续照料"服务的大型综合高端医养社区；2020 年前 4 个月，中国农业银行累计发放城乡一体化贷款 707 亿元，其中支持医疗和养老的项目有 136 个，贷款余额达 191 亿元。中国工商银行在广州、青岛、合肥、西安、成都五个城市试点发行特定养老储蓄产品，开展适老化专项行动，助力老年群体跨越"数字鸿沟"。2018 年，中国工商银行北京分行提出进一步加强对养老服务企业的信贷支持，通过为经营主体提供授信、项目融资等多种方式支持养老服务业发展。

股份制商业银行对于康养产业的信贷融资方面，以兴业银行为例，截至 2020 年底，兴业银行已服务老年客户超过 1500 万人，管理老年客户综合金融资产超过 1.3 万亿元。养老金金融方面，以养老财富储备为核心，兴业银行创新性地推出了安愉储蓄、安愉理财、安愉信托等金融产品；养老产业金融方面，兴业银行优先发展了市场规模大、成熟度高的老年健康医疗产业金融，重点支持老年医药（器械）行业及医疗康复服务行业。创新性地发展了养老基础设施金融，择优支持养老房地产行业。规划布局养老日常服务金融，适度支持养老旅游行业，等等。养老服务金融方面，兴业银行在全国范围内设立了 900 余家社区银行专门为老年客户提供适用于老年人的金融服务；非养老金融服务方面，成立了"安愉人生"俱乐部，联合养老机构、保险公司、医疗机构、法律服务机构等养老机构，合作开发并创新性地提供养老机构推荐、医疗保健、人身意外及家庭财产保险、法律顾问、休闲娱乐等多项养老专属服务。

世界银行近年来也开始积极扶持康养产业发展。2017 年 9 月，安徽省获得世界银行贷款 1.4 亿美元，用于安徽养老服务体系建设。低息政策性专项贷款期限最长为 15 年，还可宽限 3 年，借款人的自有资金不低于 20%，且项目需要当地民政部门的推荐。

长期以来，我国国民储蓄率①一直保持较高的水平。2015—2019 年，

---

① 国民储蓄率 $= \dfrac{\text{当年 GDP} - \text{政府支出} - \text{居民消费}}{\text{当年 GDP}} \times 100\%$ 。

我国国民的平均储蓄率为 45%，同一时期美国、英国的平均储蓄率不到 20%，德国不到 30%。较高的储蓄率能够为商业贷款融资提供充足的资金来源，从而间接地为康养产业的融资提供了资金保障。

5.4.4　股权融资

股权融资是一个重要的融资渠道。对于融资企业而言，股权融资的优点是单次融资规模较大，可以迅速解决企业的短期流动资金短缺问题，降低资金的财务风险；缺点是股权融资的过程往往耗时比较长，通过股权融资要承担比较大的风险，民间融资成本过高（蔺锁柱，2020）。

随着资本市场的快速发展，股权融资正日益成为我国康养产业的重要的融资来源。2015—2016 年，我国康养产业的资本投资经历了一段较为盲目的、非理性的发展阶段，2016 年至今，康养产业的资本投资渐趋理性，走上了一条可持续的发展道路。

在康养产业股权融资的分布领域方面，智慧康养、医养融合产业、居家养老服务、老年文娱等康养产业分领域成为股权融资的重点领域，受到资本市场一级市场越来越多的关注。从具体的融资领域来看，由于居家上门护理服务享受着长期护理保险试点带来的政策红利，从而成为风险资本最为热衷的融资领域。以福寿康智慧（上海）医疗养老服务有限公司为例，该公司是典型的依托长期护理保险逐步发展起来的康养公司，其主要业务是提供社区居家养老服务。福寿康智慧（上海）医疗养老服务有限公司成立于 2011 年，凭借上海成为第一批长期护理保险试点城市这一政策红利，获得大量的政府订单，逐渐将业务重心定位于居家上门护理服务及其相关的康养服务，包括康复服务、中医服务、养老机构等。目前，福寿康智慧（上海）医疗养老服务有限公司已经发展成为我国居家医养照护领域的领军企业。公司业务涵盖北京、上海、广州、成都等全国 50 多个大中城市，拥有服务网点近 300 个，累计服务近 10 万人，专业护理员超过 8000 人。在公司快速发展的过程中，股权融资成为公司融资的主要途径。2017 年 3 月、2018 年 4 月，福寿康智慧（上海）医疗养老服务有限公司分别从岭南投资和华医资本获得股权融资；2018年 9 月，公司从复容投资、复星医药、华医资本获得股权融资；2020 年12 月，从启明创投获得数千万美元股权融资；2021 年 6 月，从红杉中国获得数亿人民币股权融资，用于研发社区养老服务交互系统；2021 年 12月，从铱创投资获得股权融资；2022 年 8 月，从腾讯投资获得数亿人民币股权融资，用于创新医养数字化体系建设，以及全国规模化扩张；2022 年 12 月，从国寿大养老基金获得数亿人民币股权融资，用以加快公司全国范围内的规模扩张步伐。2022 年，福寿康智慧（上海）医疗养老服务有限公司还通过引进腾讯投资和国寿大养老基金，进一步优化了公司的股权结构，从单纯的风险资本优化为包括风险资本、互联网资本、险资资本等多元的公司股权结构。

除了社会资本对康养企业进行股权融资，外资也正在成为重要的融资主体。2022 年 12 月 28 日，总部位于美国的金融集团信安金融收购了建信养老金管理有限公司 17.647% 的股权。至此，建信养老金管理有限公司的 70% 的股权由建行持有，12.353% 的股权由社保基金持有，17.647% 的股权由信安金融持有。

养老企业的股权融资有时也会出现跨省融资的情况，截至 2019 年 9月，我国养老企业股权跨省融资的关系具体如图 5-8 所示。

如图 5-8 所示，外圈节点的大小反映了某省（自治区、直辖市）的养老企业接受外省（自治区、直辖市）股权融资的强度。可以看出，养老企业接受外省（自治区、直辖市）股权融资的强度分布极不均衡，北京市、广东省、上海市的养老企业接受外省股权融资的力度最大；其次是江苏省、浙江省；接受外省股权融资力度较小的省份包括云南省、山西省、陕西省、黑龙江省、吉林省、新疆维吾尔自治区、广西壮族自治区、内蒙古自治区、宁夏回族自治区等；完全没有接受外省（自治区、直辖市）股权融资的有青海省、甘肃省、西藏自治区。

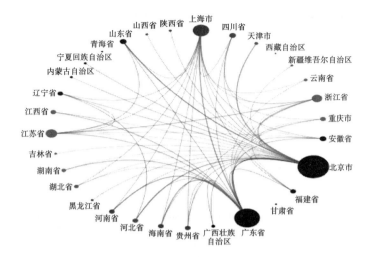

图 5 – 8　2019 年 9 月我国养老企业股权跨省融资关系

资料来源：中国统计年鉴养老产业专题数据库（https：//bbs. pinggu. org/thread – 8174949 –
1 – 1. html）。

5.4.5　BOT 融资

建设—经营—转让（BOT）模式是一种新的国际融资方式，目前主
要被广泛应用于发达国家和发展中国家的基础设施建设中。由于康养产
业内涵广泛，需要固定资产作为依托，因此可以利用 BOT 模式来拓宽产
业发展的资金来源渠道。在 BOT 模式建设康养产业项目的情况下，往往
要具有以下操作程序：项目发起方组建项目公司；项目公司与政府签订
特许协议；项目公司与银行签订融资协议；项目公司与投资者签订投资
协议；项目公司与承建商签订施工合同；项目公司在项目建成后与运营
方签订运营合同等。BOT 项目融资建设康养产业项目的优点在于，对于
建设资金短缺又需要尽快实施工程的项目，可通过私人投资的进入提高
服务效率和降低服务成本。民间资本的进入，可以提高企业经营效率，
提高资本增值能力。采用 BOT 项目融资大规模建设康养产业项目，可以
考虑创立统一的品牌，建立自身的管理公司，还可以通过采用银团贷款
有效降低银行贷款的风险。另外，在 BOT 项目融资中，如果有保险公司

同时介入，可以分散项目各方的风险。BOT 模式建设发展康养产业也有一定的缺点，如采用 BOT 项目融资方式建设康养产业项目，需要的相关条件较多，需要政府的支持，需要银行、保险公司的介入，回收期长使得一些资本不愿意介入，因此沟通和协调方面的工作比较多，交易成本较高，等等。

5.4.6　信托融资

信托在康养产业融资中具有重要地位，可以充当间接融资通道或融资平台。通过设立单一信托，可以使银行的资金以表外业务的形式通过信托渠道发放给康养产业项目，用来支付项目建设成本和养老康养设备采购成本等。信托融资方式下，往往要成立各种特殊项目机构，通过机构性融资充当直接融资工具，以股权、债券两者结合的方式解决康养产业项目开发经营全程资金供应问题，包括前期咨询费用、土地摘牌费用、建设成本、社会采购成本、经营费用等。

5.5　我国康养产业投融资机制存在的主要问题

康养产业具有成本较高、投资回报期较长、运营过程中不确定性因素较多等特点，产业的特殊性对资本市场、融资方式也提出了特殊的要求。我国康养产业发展时间相对较短，市场化水平相对偏低，企业发展水平参差不齐，融资体系建设也处于初始阶段。融资渠道相对单一，大部分资金来自银行贷款，对于部分康养产业相关项目传统的银行难以介入或难以满足企业对资金的需要。康养产业基金利用率不高，使用效果有限。康养企业"融资难"问题仍然存在，并在一定程度上影响了社会资本的参与意愿。康养产业资本不足，成为促进社会资金进入康养产业的主要瓶颈，制约着康养产业的持续健康发展。康养产业投融资机制的发展现状与广大人民群众对于康养产业的发展需求相比还存在着较大的缺口和差距。《中国康养产业发展报告（2020）》显示，目前全国各区县已经成功招商并开工建设的康养项目达 5000 余个，虽然建设项目多，但已经开张并实现盈利的并不多。总体而言，目前我国康养产业投融资机制主要存在以下问题。

5.5.1　康养产业存在巨大的投资缺口

目前，我国康养产业面临着巨大的投资需求。我国养老产业 2025 年的预期市场规模具体如图 5 - 9 所示。

由图 5 - 9 可以看出，到 2025 年，我国养老地产、养老金融、养老服务、养老机构、旅游养老的预期市场规模将分别达到 232500 亿元、78200 亿元、66000 亿元、5550 亿元、18150 亿元，养老产业总市场规模将超过 40 万亿元。随着我国人口老龄化的不断加深，康养产业将成为最后一个受益于人口红利的产业，产业投资需求巨大。随着养老第三支柱的不断完善，我国居民的养老储蓄能力将不断得到提升，为我国未来养老产业市场需求的不断提升奠定了基础。随着长期护理保险试点城市的不断扩大，以医疗照护为主的护理院、护理站等新兴业态将不断出现，并将得到长期护理保险与医保等的大力支持。随着人均 GDP 的不断提高，以及以"60 后""70 后"为主体的新消费老年群体的不断增加，养老产业的消费能力将不断提升，对于养老产业的消费需求将日益增加。根据最新发布的《中国老龄产业发展报告》显示，预计到 2050 年，我国老年人口的消费规模将达到 106 万亿元左右。由此可以推断，我国养老产业在未来面临着巨大的投资需求。我国康养制造业企业普遍需要较大的投资，整体规模也都比较大（何莽，2022）。目前，对于康养产业的投资供给远远不能满足市场需求，存在巨大的投资缺口，需要不断创新投融资机制，增加对于康养产业的资金投入。

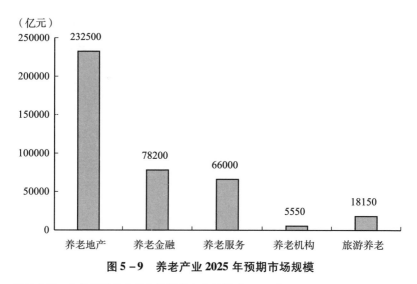

图 5 – 9　养老产业 2025 年预期市场规模

资料来源：中投顾问养老产业投资机会全景图［EB/OL］. http：//cyl. ocn. com. cn/chain/detail/37.

5.5.2　财政支持政策有待完善

目前已经出台的财政支持政策数目较多，但整体上其科学性和系统性有待提高。一是政策制定缺乏一定的基础数据支撑，导致财政政策的科学性不够；二是财政资金对于康养产业的投入领域集中在养老机构的建设补贴、床位补贴及运营补贴等方面，财政投入对于社会资本介入养老服务领域的引导作用有限；三是配套政策不够健全，导致不少财政支持政策没有真正落到实处。目前支撑康养产业发展的资金领域的政策较少。大部分地方政府政策还未涉及资金领域，即使有所关注，政策的具体要求也不够细致，阻碍了康养产业的标准化、专业化发展进程（何莽，2021）。全国统筹的康养产业发展标准、发展规范，以及数字化、信息化等推动康养产业发展的配套基础设施建设严重落后于康养产业发展实践，对康养产业的快速发展形成羁绊。而康养产业发展标准和发展规范、康养产业发展的数字化和信息化支撑属于具有正外部性的公共产品，不适于通过市场化的竞争，以市场化的方式进行供给，而应该主要由中央政府和地方政府以财政预算资金的方式，加大财政支持力度，推动康养产业发展的配套基础设施建设。

5.5.3 社会资本和民营资本的投资积极性不高

统计数据显示，目前每年约有 5000 亿～7000 亿元的康养产品是为满足老年人需求而提供的，但这类产品仅能满足约 16% 的老年群体。大部分金融资本在投资康养领域时，受到国内地产热的影响，更加青睐于"旅游＋居住＋养老"类的康养地产项目。但这类综合体投资规模大、回收期长，运作模式以"圈占资源、概念康养、地产为王"为主，与市场的主体需求存在较大差距。另外，在近年来新冠疫情的影响下，康养旅游结合的项目受到极大的冲击，使得七成项目处于亏损状态。融资投入巨大，但回报率不及预期，也影响到社会资本和民营资本的投资积极性。一些较大规模的养老项目资金投入大、开发周期长、投资回报慢，对于社会资本和民营资本的吸引力不强；现有吸引社会资本和民营资本参与养老产业投资的多数政策仅仅停留在顶层设计的指导性意见上，具体措施落实不到位，对于社会资本和民营资本的激励机制不够完善；目前政府贷款贴息主要针对公办养老服务部门，对于民营养老服务机构的支持较为有限，影响了社会资本参与养老服务建设的积极性。以政府和社会资本合作投资（PPP）为例，养老等产业中的 PPP 项目由于前期资金流压力较大，为了有效缓解项目公司的资金压力，提高社会资本参与 PPP 项目的积极性，发达国家大多在 PPP 立法方面对于 PPP 项目的贷款、税收、收费等方面明确了各方面的优惠条款。而在我国，由于 PPP 模式的发展时间较短，尽管 2014 年以来国家发展改革委、国务院法制办、财政部等部门陆续印发了一些专门针对 PPP 模式的立法文件，但截至目前，我国 PPP 模式的法律规制仍然存在不系统、不协调等方面的问题，相关立法推进比较缓慢，对于社会资本和民营资本投资 PPP 项目在贷款、税收、收费等方面的优惠政策没有明确规定，影响到社会资本和民营资本对于 PPP

项目投资的积极性。通过对比财政部政府和社会资本合作中心全国 PPP 综合信息平台中各行业 PPP 项目数可以发现，不管是项目管理库中已经通过物有所值评价和财政承受能力论证的项目，还是项目储备清单中地方政府有意愿采用 PPP 模式的备选项目，涉及养老产业的 PPP 项目数的占比常年维持在 1% 左右的水平，占比过低。养老产业的 PPP 项目中涉及社区养老的数量更为稀少，相较我国十几万的社区养老服务机构和设施，我国社区居家养老服务 PPP 项目发展进程缓慢。另外，我国养老产业 PPP 项目的运行机制较为单一，主要为建设—运营—移交（BOT），其他运行机制，如委托运营（O&M）、转让—运营—移交（TOT）和改建—运营—移交（ROT）等应用较少；我国养老产业 PPP 项目的投资回报方式和收益分配方式也比较单一，投资回报方式以可行性缺口补助为主，收益分配方式以政府参与分红为主（杜偲偲，2023）。社会资本和民营资本的投资积极性不高，使得我国康养企业的经营规模普遍较小。截至 2018 年 12 月 31 日，我国康养企业总数为 240 多万家，较 2017 年增长 12%。其中，80% 为注册资本及年营业规模都在百万元以内的小微企业，主要从事康养服务及相关产品的销售业务（何莽，2019）。

5.5.4 一些新兴融资工具在康养产业的发展深度不够

目前，我国养老产业的竞争仍处于初级阶段，行业垄断和品牌效应尚未形成。2022 年 12 月，在由中国老年学和老年医学学会金融分会、和君咨询康养事业部、通用资本、信达风投资、达康怡生共同举办的"老龄社会下康养产业发展与金融支持论坛"上，和君咨询高级咨询师、《2022 中国康养上市公司竞争力报告》撰写人秦婧对比了美国、日本和欧洲主要国家康养产业上市公司的总体情况，剖析了我国康养上市公司发展与美国、日本和欧洲主要国家的差距。与美国、日本和欧洲主要国家相比，我国康养产业上市公司分布领域较为单一，目前缺少单一主业是康养产业的上市公司，更多的是集中在医药、医疗相关的产品和服务。

并且康养产业上市公司的总体经营规模较小，上市直接融资的总体规模不大。另外，养老产业专项债方面，目前投资领域以养老地产为主，对养老产业整体推动作用有限。

5.5.5 康养产业投资存在区域发展不均衡问题

我国的康养需求存在较大的区域差异，这对于康养产业投资的区域均衡性提出了较高的要求。根据第七次全国人口普查的数据，我国的人口老龄化呈现区域不均衡的分布特征。首先，从城乡分布来看，城镇地区的老年人数量多于农村地区，但农村地区的老龄化程度高于城镇地区。目前，我国农村地区 60 周岁及以上老年人口占农村总人口的比重为 23.81%，65 周岁及以上老年人口占农村总人口的比重为 17.72%，而同期我国城镇地区 60 周岁及以上老年人口占城镇总人口的比重为 15.82%，65 周岁及以上老年人口占城镇总人口的比重为 11.11%。我国农村地区 60 周岁及以上老年人口占比、65 周岁及以上老年人口占比分别比城镇地区高出 7.99 个百分点和 6.61 个百分点。农村地区的失能、半失能老年人口的比例也高于城镇地区，省级之间的老龄化程度存在较大差异。根据万得资讯的数据，2021 年底，我国 60 岁及以上的人口占辖区人口比例超过 20% 的省份有 10 个，分别是辽宁（25.72%）、吉林（23.06%）、黑龙江（23.22%）、江苏（21.84%）、山东（20.90%）、湖北（20.42%）、四川（21.71%）、重庆（21.87%）、上海（23.38%）、天津（21.66%）。65 岁及以上的人口占辖区人口比例超过 15% 的省份有 9 个，分别是辽宁（17.42%）、吉林（15.61%）、黑龙江（15.61%）、江苏（16.20%）、山东（15.13%）、安徽（15.01%）、四川（16.93%）、重庆（17.08%）、上海（16.28%）。可以看出，老龄化程度比较深的省份主要集中在东北、川渝等地区。西藏、新疆、青海、广东、宁夏、海南、云南等省份老龄化程度比较小，60 岁及以上的人口占辖区人口比例低于 15%。康养产品和服务，特别是养老产品和服务涉及广大老年人群的民生福祉，康养产业投融资机制的优化，要求我们考虑到康养需求在地区上存在的差异，通过一系列政策安排，促进康养产品和服务的供给在不同区域间达到均衡，更好地满足不均衡的康养需求。其次，从目前康养产业的股权并购投资看，为更好地实现规模化发展，近年来养老产业并购持续升温。区别于其他成熟行业市场的整合式并购，康养产业并购更多是企业多元化布局的一种方式，以上市公司为主体的产业并购尤为明显，市场上对于优质养老标的竞争比较激烈。从产业并购对象而言，主要是处于成长期的养老服务企业。从产业并购的区域而言，并购投资主要集中在经济发达的一二线城市，特别是核心经济圈，包括京津冀、长三角和粤港澳大湾区等，三四五线城市以及农村地区等经济欠发达的区域则数量较少。最后，从政府和社会资本合作投资（PPP）看，PPP 模式作为解决地方政府基础设施资金难题的创新金融工具，不受地域影响，在养老产业发展方面具有较好的应用。但从实际运作来看，存在着不同区域间发展不均衡的难题。由于投资效率不同，PPP 工具存在经济发达区域社会资本积极性强，而在经济发展速度较慢的区域难以吸引社会资本的情况。如北京市朝阳区第二社会服务中心项目，尽管在实施期间受到诸多的限制，仍受到社会资本的追捧，而与之形成鲜明对比的是青海、甘肃等内陆地区的PPP 项目，难以找到合适的社会的资本方运营，甚至个别项目出现多次招标，由于应标企业数量不足而流标的情况，这会导致 PPP 在区域间养老服务市场效率不均衡问题。根据《全国 PPP 综合信息平台项目管理库2020 年 1 月报》，康养产业 PPP 累计投资额排在前五位是贵州、云南、四川、浙江和河南，分别为 12036 亿元、11357 亿元、10038 亿元、9843 亿元、9657 亿元，合计占总投资额的 36.8%，地区集中的特征比较显著。

5.5.6 商业贷款融资规模和覆盖面有待提高

目前，我国康养产业投资渠道主要来自银行贷款，对于银行贷款而言，康养项目投资周期过长且易受季节等因素影响，存在较高的投资风险，许多银行不愿意将资金放贷给中小型的康养项目（刘相芳，2021）。养老企业大多只能保持微利经营，美国、日本等国家的养老产业平均利润率仅为 5%。在我国，养老产业作为新兴行业，其盈利状况具有更大的不确定性（孙博，2016）。养老产业在盈利性方面的微利性和盈利不确定性特征，使得养老产业对金融资本的吸引力不强，获得商业贷款融资的难度较大。

相对于政策性低息贷款融资，目前康养产业商业信贷融资总体上规模较小，覆盖面比较窄，主要集中于经济发达地区的国企养老项目。长期以来，大多数康养机构得不到银行的信贷支持，银行系统也缺乏专门的贷款产品。虽然国务院出台了《关于加快发展养老服务业的若干意见》《"健康中国 2030 战略"规划纲要》等政策，很多地方政府也出台了一些政策来提升金融支持康养产业的力度，甚至规定银行对康养产业的具体授信额度和每年的贷款总量，但情况仍然不尽如人意。整体上来看，我国银行业对于康养产业的融资仍然处于起步阶段，全面推广尚有诸多政策性和实践性的"瓶颈"。相对于政策性信贷，目前银行信贷融资工具发展规模较小，覆盖面仅限于经济发达地区的国企养老项目。康养产业前期建设需要大量的资金投入，加上项目建设周期长，风险得不到保障，要想取得大额资金的投入，必须要付出相应的成本，这也导致康养项目融资困难。

5.5.7　康养产业有效投资不足

康养产业作为消费性产业，需要投资作为支撑，投资模式的多元化是推进项目发展的关键。对于康养产业项目而言，建立有效的投资模式是发展的基础。有效的投资模式是指针对不同的康养项目明确不同的投资方式。以山西省晋城市沁水县为例，该县的康养产业通过政策扶持和投资活动打造康养产业带，具体运行机制是前期通过筛选出康养特色村，并将这些特色村分为三种类型梯次推进。通过三种方式进行投资和融资：

一是重点推进康养特色村获得国有投资公司的融资，采取合作经营的方式；二是由各镇自行投资运营；三是由社会资本主导，通过引入社会资本投资运营。从我国大多数康养产业项目的建设发展中可以看出，很多项目都是大规模引入投资，但是投资的方式比较单一，而且绝大多数都是采用一投多用，没有将资金有针对性地投资到康养项目上，这导致有效投资不足，造成资金的浪费和时机的丧失。为了确保投资有效，我们首先要明确康养项目对资金的需求特性，必须要考察和分析康养项目对资金的需求量大小、需求缓急程度、投资回报率的大小等。针对不同的需求特性选择不同的投融资方式，比如政府补助资金、专项基金、社会资本、债券投资、银行贷款等。只有寻求有效投资，才能使资金在康养项目建设过程中发挥最大的作用。

第6章　国外康养产业投融资
机制发展借鉴

　　目前，发达国家的康养产业已经进入成长期甚至成熟期，其迅速发展的经济社会背景可以体现在制造业回归、服务业持续升级、人口老龄化的巨大挑战等方面。以美国、日本、欧洲为代表的国家和地区，老龄化社会进程和资本化程度远远高于我国现阶段的发展水平。以老龄化社会进程为例，19世纪中叶开始，欧洲发达国家开始步入老龄化社会。1851年，法国率先成为第一个老龄化国家。20世纪70年代，以日本为代表，亚洲与美洲开始老龄化进程。21世纪，全球老龄化速度加快。根据Wind金融数据库，截至2019年，65岁及以上人口占比，世界平均为9%，日本、意大利、德国、法国、加拿大、澳大利亚、俄罗斯分别为28%、24%、22%、20%、18%、16%、15%，远远高于世界平均水平。在此背景下，美国、英国、德国、日本等发达国家的康养产业发展得较早，在康养产业投融资机制方面也积累了较多的经验。各国政治、经济、文化和历史条件各不相同，所以康养产业的发展路径也存在一定差异，但"他山之石，可以攻玉"，发达国家发展康养产业的成功经验，对于我国康养产业的发展具有重要的借鉴意义。本章选取美国、英国、德国、日本等发达国家，深入分析这些国家康养产业发展的投融资机制，为我国不断完善康养产业投融资机制提供经验与借鉴。

6.1 美国康养产业投融资机制发展借鉴

6.1.1 美国康养产业发展现状

美国是一个森林资源极为丰富的国家，也是世界上最早开始发展养生旅游的国家。美国的林地面积在其国土总面积中的占比达到30%以上，约有2.981亿公顷。在森林康养产业发展的过程中，美国的森林康养场所通过提供丰富多样的配套服务，以及深度的运动养生体验来不断强化对游客的吸引力，使得其森林康养产业能够实现集旅游、运动、养生于一体的综合养生度假功能。在发展森林康养产业的过程中，美国非常注重对于森林资源的保护，维护和保证森林体系的生态健康，保持了森林生物物种的多样性，维持了森林生态系统的可持续性和稳定发展，同时也使得其森林能够保持健康的、适合被开发利用的状态。美国林务局（US Forest Service）一方面，努力通过投入大量资金和制定严格的标准来防治病虫害；另一方面，还组建了森林保健技术企业队（Forest Health Technology Enterprise Team）来保护和管理森林资源（李惠莹等，2019）。美国的森林康养基地建设很成功，实现了经济效益和社会效益的有机统一。美国的森林康养基地建设是以发达的旅游经济为基础，在不断培养森林康养人才的前提下，将医药与森林产品有机结合，形成了其独特的森林康养基地发展模式。相对于其他国家，美国森林康养产业的优势在于高质量的运动养生体验和完善的配套服务，尤其是具有综合性度假功能的森林康养场所。

美国的大健康产业发展迅速而且发展潜力巨大。美国的大健康产业起源于1963年，根据世界银行的数据，2015年美国国内大健康产业的规模约为29857亿美元，其中医药产业规模约为4030亿美元，占比为

12.5%；保健产业规模约为 2866 亿美元，占比为 9.6%。与此同时，美国的大健康产业在主体方面下沉已经到社区和家庭。在美国的大健康产业的构成中，家庭及社区保健服务的占比已经达到 50%，健康风险管理服务的占比为 11%，长期护理服务的占比为 6%，医院医疗服务的占比只有 19%、医疗商品（含药品和器械）的占比为 14%（李惠莹等，2019）。近十多年来，美国的大健康产业是其发展速度最快的产业，在 GDP 中的比重已经达到近 10% 的水平，仅次于制造业、服务业、金融保险业、房地产业，是美国的第五大产业。特别是在 2008 年金融危机后，美国的制造业、金融保险业、房地产业增速放缓，只有大健康产业一枝独秀，发展成为美国的支柱性产业。其中仅仅是森林康养的年接待游客量就达到 20 亿人次，美国人均收入的 1/8 都用于森林康养。目前美国人均健康产业支出规模为 9200 美元，美国大健康产业的发展水平在世界上居于领先地位。美国的大健康产业包括医疗产品、保健用品、营养食品、医疗器械、保健器具、休闲健身、健康管理、健康咨询等多个与人类健康紧密相关的生产和服务领域。美国借助其丰富的森林资源，积极发展森林保健型的森林康养产业。

20 世纪 60 年代开始，美国经历了一个老龄化程度不断深化的过程。根据万德资讯库数据，1960 年、1980 年、1990 年、2000 年、2010 年、2020 年，美国人口结构中，65 岁及以上人口分别为 1667.5 万、2555 万、3124 万、3507 万、4048 万、5444 万，在总人口中的占比分别为 9.3%、11.30%、12.55%、12.48%、13.14%、16.87%。目前美国 85 岁以上的老年人口约为 670 万，预计 2030 年这一数据将增加到 910 万，2050 年将增加到 1850 万。据统计，2019 年美国 65 岁以上的老人中，19% 根本无法活动，40% 存在移动困难，27% 存在认知障碍，9% 存在自理困难。27% 的 65 岁以上老人独居，独居人士只能依靠居家护理支持。70% 的老人需要长期护理，20% 的老人需要的护理时间超过五年（李惠莹等，2019）。

在人口老龄化不断深化的背景下，美国的养老产业发展迅速。作为全球市场经济最发达的国家，美国的养老产业市场化程度非常高，涌现了一批规模较大的、有实力的养老企业，如 Del Webb 公司、NCP 公司、Elderhostel 公司等。这些企业的业务领域非常广泛，涉足领域涵盖了老年医疗、房地产、旅游、金融等诸多方面。

美国的养老产业和养生产业的市场化程度非常高。可以说，在世界各国中，美国是养老产业市场化发展最为成功的国家。美国的养老产业和养生产业的市场化主要体现在以下两个方面：一方面，20 世纪 70 年代后期开始，美国的老龄化程度不断加深，为了避免老龄化程度不断加深导致的财政赤字的持续恶化，美国政府颁布了系列法律，以推进其养老产业的市场化改革。1974 年，颁布了《雇员退休收入保障法案》，直接推动了美国私人养老产业的发展，使得养老产业形成了一个稳定的市场；1978 年，又推出了"401K 计划"。美国的"401K 计划"有效地实现了养老金的市场化运作，使得养老金资产成为资本市场的重要组成部分，两者良性互动、相互增值。"401K 计划"将养老金的运作直接推向了市场化，促进了养老市场的可持续发展。在"401K 计划"中，养老金资产成为资本市场的重要组成部分，成为美国基金业资产的重要组成部分，目前美国基金行业中将近60%的资产来自"401K 计划"。同时，培育出了微软、雅虎等国际知名企业的美国风险投资资金，其也有大部分来自于"401K 计划"。另一方面，美国的养老供给也拥有非常高的市场化程度，美国主流的养老模式形式多样，既有居家养老模式、老年公寓模式，也有老年社区模式等。老年社区模式又被称为社区养老模式，是美国老年人最主要的养老模式。在市场化机制下，老年社区主要由私人投资，并由专业机构承担商业化运营的职责，为老年人提供各种市场化的配套服务，以此形成了许多著名的养老养生基地，如著名的太阳城。美国的社区养老模式市场化运作非常成熟，目前已经成功实现了投资方、建设方和运营方三方的合理稳定的分工模式。其中建设方一般是采取重资产的运行模式，完成相关硬件设施的建设后就将这些硬件设施对外出售，从而可以实现投资的快速回收；运营方一般是采取轻资产的运营模式，负责养老社区的日常经营，从经营活动中获取固定的或者是与业绩相关的运营费用；投资方则主要负责养老和养生产业资产的证券化，从金融市场上聚集资金，投资方既可以比较容易地对于硬件环境进行投资建设，也可以投资于软件环境以提高项目运行的效率。养老养生产业发展过程中的地产开发需要大量的前期资金的投入，借助发达的金融市场，美国的养老养生产业无论是在地产投资环节还是在日常运营环节都实现了投融资模式的高度市场化。其中，在地产等硬件投资建设方面，美国采取的最主要的投融资模式是 REITs 模式。REITs 模式最早于 1960 年出现在美国，此后，在政府对 REITs 管理法规的不断完善以及对 REITs 模式不断采取税收优惠政策的激励下，REITs 模式得到快速发展，成为美国养老地产融资的最主要的投融资模式。在美国，不同的 REITs 公司可以根据自身的风险偏好，选择不同的投资方式，目前最主要的投资方式包括以下两种：净出租模式和委托经营模式。在净出租模式下，REITs 公司几乎不承担任何运营风险，而是将资产出租给运营商以收取固定的租金，运营风险由运营商承担，运营商也由此获得了较高的风险收益；委托经营模式则收取固定的管理费用，这使得 REITs 公司在获得营业收入的同时也要承担相应的营业风险。大部分 REITs 公司会采取上述两种方式的混合模式，以此寻求风险与收益的平衡。REITs 公司是美国养老地产的主力军，美国前十大养老社区投资商中有五家采取的都是 REITs 模式。在地产投资建设中，私募基金表现也不俗，但是其作用主要体现在养老养生运营环节，美国前十大养老地产运营商中有七家为私募基金企业。除了 REITs 和私募基金外，在美国，捐赠基金也是开发运营养老地产不可忽视的资金来源。

6.1.2　美国康养产业投融资机制发展经验

美国养老产业的快速发展得益于其具备较为完善的养老产业投融资机制，而美国较为完善的养老产业投融资机制的形成又是以下两个因素为前提的：一是美国拥有全球最发达的、规模最大的金融市场；二是美国政府对于养老产业投融资提供了有效的政策支持。以上两大因素为美国养老产业较为完善的投融资机制的形成提供了重要的保障。具体地，美国的养老产业投融资机制主要具有以下两大特点。

第一，美国养老养生产业无论在地产投资方面还是在日常经营方面都实现了投融资模式的高度市场化，融资渠道多元化。与欧洲国家主要依赖政府提供资金支持不同，美国养老产业的融资更多的是依赖企业的市场行为。同时，美国政府提供的积极有效的资金引导，也发挥了重要的引导和保障的作用。目前，美国养老企业的融资来源具有显著的多元化的特征。以美国老年服务中心为例，其融资来源多样，包括政府的财政拨款、申请基金会等经费支持、社会慈善捐助、向服务群体收费等多种形式。而大型的养老企业，如 NCP 公司等，还可以通过银行贷款、证券市场融资等更多的渠道获得融资。美国的养老产业发展过程中，社会资本投资的积极性也相对较高，主要参与的渠道包括养老 PPP、REITs 等方面。为有效地规避监管约束的影响，REITs 模式由美国金融家首先提出，这一模式实现了地产类固定资产的证券化发行，一方面使得社会地产闲置资源被激活，另一方面使得投资门槛也有所降低，为投资房地产市场的普通居民提供了有效的途径。针对 REITs 模式创新，美国政府完善了税后相关的法规政策，如明确了免征所得税和资本利得税等，确保了 REITs 模式的良性发展。美国养老 PPP 与 REITs 融资从 20 世纪 60 年代就开始大量使用。其中，REITs 模式被大量应用于养老地产方面。美国商业银行等金融机构对于养老产业的贷款支持力度很大，规模较大的养老企业比较容易就能获得贷款融资，有大量的私募基金投资到养老项目，还有大量的金融工具可供选择。例如，美国养老产业拥有较为成熟的反向住房抵押贷款制度，又称为"以房养老"的"倒按揭"贷款。"倒按揭"发放对象为 62 岁以上的老年人，有联邦政府保险的"倒按揭"贷款、美国联邦全国抵押协会办理的"倒按揭"贷款、由金融机构办理专有的"倒按揭"贷款三种形式（李惠莹等，2019）。反向住房抵押贷款制度的具体操作过程如下：老年人将房屋产权抵押给金融机构，经专业评估后分期支付老人一笔固定金额的钱，抵押期间老人仍享受房屋使用权，老人去世后，金融机构即享受房屋处置权，通过销售、出租等方式收回贷款本息。这种模式既大大减轻了社会保障压力，又促进了金融机构的业务多元化，既在一定程度上解决了老年人的居住问题，也使其获得了稳定资金来源。再比如生命周期基金（life cycle fund），基金管理人会根据养老人退休日期最接近的生命周期来选择基金产品，帮助投资人调节相关的投资配置，解决了多数养老人所面临的因年龄、收入、风险偏好的变化而产生的投资配置变化问题。由此可见，金融市场的发达程度对养老产业的融资至关重要。

第二，美国的养老融资服务体系和制度保障十分健全。美国公司上市遵循的是标准制和注册制，其雄厚的资本背景使得公司上市融资更加快捷。此外，美国还拥有发达的金融服务机构和中介体系，如美国银行、纳斯达克证券交易所、摩根大通集团等，为养老企业提供了一系列专业的投融资服务。美国作为制度建设十分完备的国家，在养老产业融资保障体系构建方面同样处于世界前列。美国康养产业发展离不开成熟的相关法律法规支撑。早在1935年，美国国会就通过了《社会保障法案》，在完善多层次、多元化养老模式的过程中，政府主动承担起对于经济困难老年人的保障责任，采用适度补贴的方式为低收入老年人的养老兜底，以保障老年人的基本日常生活护理和医疗护理需求。充分发挥政府的主导作用，从补贴制度、政策法规制定等方面给予困难老年人全方位的支持。1969年，美国政府出台了将健康管理纳入国家医疗保健计划的政策，1971年为健康促进组织提供立法，1973年通过了《健康维护促进法案》。之后，又陆续颁布了《美国老年人法》《老人志愿工作方案》《老年人营养方案》《老年人社区服务就业法》《禁止歧视老年人就业法》《保护病人和负担得起的照护法案》等多项法律。特别是1965年，美国国会通过的《美国老年人法》规定联邦政府要设立联邦老年署，1973年又通过了该法的修正案，进一步规定各州要设立地方老龄局。政府老年管理机构的设立有力地推动了养老健康产业的发展。在政府老年管理机构的推动下，发展出了非常有效的政府购买养老服务合同等养老健康产业形式。近年来随着政府有关部门的大力支持和市场条件的优化，美国通过循序渐进的立法使得其养老制度不断趋于完善。截至目前，已形成了较为完备的养老保障制度，包括养老保险制度和医疗保险与救助制度等，从而保证了老年人的收入水平和消费能力。此外，美国各层级政府服务体系也为养老产业融资提供了有效保障：一是推动养老产业相关政策的制定与实施；二是监督相关产业计划的制订和实施；三是拓展养老产业投融资渠道，保障产业发展的资金供给。发达国家的实践证明，引导社会资本投资养老养生产业是发达国家构建多层次、多元化养老服务体系的有效途径（潘慧和余宇新，2019）。

得益于拥有世界上最发达的资本市场，美国的康养上市公司在世界各国中数量最多、盈利能力最强、市值最高。美国具备高度市场化的商业保险照护体系，市场端支付能力较强，在纽交所、美交所主板和纳斯达克共有15家康养行业上市公司，主要业务领域覆盖护理服务、养老机构运营、康复服务、临终关怀等。截至2022年10月，美国具有代表性的医养结合型康养上市公司具体见表6-1。

表6-1 截至2022年10月美国有代表性的医养结合型康养上市公司

公司名称	交易所	总市值/亿元	总营业收入/亿元	净利润/亿元	净利润率/（%）	业务领域
Chemed Corp.	纽交所	464.09	76.46	9.43	12.33	临终关怀和姑息治疗
Encompass Health Corp.	纽交所	337.95	191.80	9.79	5.10	医院医疗和家庭护理服务
Ensign Group	纳斯达克	330.03	104.10	7.78	7.47	医院地产和护理康复服务
LHC Group	纳斯达克	368.70	82.65	2.16	2.61	家庭护理和临终关怀

续表

公司名称	交易所	总市值/亿元	总营业收入/亿元	净利润/亿元	净利润率/(%)	业务领域
Select Medical Holdings Corp.	纽交所	198.93	229.24	7.49	3.27	康复服务
Amedisys Inc.	纳斯达克	214.04	79.41	4.41	5.55	医疗保健和家庭护理服务
Addus Home Care Corp.	纳斯达克	118.44	33.41	1.42	4.25	个人护理和临终关怀
Apollo Medical Holdings	纳斯达克	128.08	38.37	1.85	4.82	医疗保健和护理服务
National Health Care Corp.	美交所主板	68.25	39.60	1.33	3.36	护理设施及护理服务
Hanger Orthopedic Group Inc.	纽交所	52.70	41.25	0.15	0.36	护理和康复服务
Community Health Systems Inc.	纽交所	21.24	435.15	−23.54	−5.41	护理和康复服务
Pennant Group	纳斯达克	19.73	16.56	0.12	−0.72	家居健康和安养服务

注：市值及人民币兑美元汇率统计日期为2022年10月18日。
资料来源：和君康养事业部研究报告。

　　除了医养结合型的康养上市公司，美国还有一些纯养老型的上市公司，美国有代表性的纯养老型上市公司具体见表6－2。

表6－2　　　　　　　美国有代表性的纯养老型上市公司

公司名称	交易所	总市值/亿元	总营业收入/亿元	净利润/亿元	净利润率/(%)	业务领域
Brookdale Senior Living	纽交所	59.97	13.67	−1.84	−13.46	养老社区运营

公司名称	交易所	总市值/亿元	总营业收入/亿元	净利润/亿元	净利润率/(%)	业务领域
Sonida Senior Living Inc.	纽交所	8.06	8.49	-1.73	-20.38	养老社区运营
Aleris Life Inc.	纳斯达克	2.23	3.44	-1.33	-38.66	养老社区运营

注：市值及人民币兑美元汇率统计日期为 2022 年 10 月 18 日。
资料来源：和君康养事业部研究报告。

近年来，美国纯养老型的上市公司以私人付费客户为主，逐步降低对政府医疗保险的依赖。以美国典型的纯养老型上市公司布鲁克代尔高级护理（Brookdale Senior Living）为例，该公司是美国最大的高端养老生活社区运营商，公司 86.8% 的居民费用收入来自私人付费客户，10.3% 来自于政府报销计划（主要是医疗保险），2.9% 来自其他付款人来源。在现金为王战略下，公司收缩、处置资产，不断增加现金流。自收购养老服务运营商 Emeritus 以来，Brookdale 亏损严重，开始通过处置社区单元，重构投资组合，不断简化缩减，在增加现金流的同时不断降低负债水平。自收购 Emeritus 后到 2021 年底，Brookdale 共减少了 6 个州、350 多个社区的业务。2021 年，公司通过各种方式，不断增加现金流，以保障经营稳定性。截至 2021 年 12 月 31 日，公司的总流动资金为 5.368 亿美元，其中包括 3.47 亿美元的无限制现金和现金等价物、1.824 亿美元的有价证券和 740 万美元的担保信贷额度。2021 年，公司从出售医疗保健服务部门 80% 的股权，包括将 HCS Venture 出售给 LHC Group Inc. 的业务中获得了 3.476 亿美元的净现金收益。2021 年 10 月 1 日，公司发行了本金 2.3 亿美元、年息 2.00%、于 2026 年到期的可转换优先票据。在扣除初始购买者的折扣后，在交易结束时收到净收益 2.243 亿美元。公司用净收益中的 1590 万美元来支付与发行有关的上限看涨期权交易的成本，预计这些交易通常会减少或抵消对普通股持有人的潜在稀释。医保费用提前下拨，在 CMS 管理的加速和预付款计划下收到 8750 万美元；

根据《冠状病毒援助、救济、经济保障法案》《CARES 法案》推迟支付了 2020 年 3 月 27 日至 2020 年 12 月 31 日期间产生的社会保障工资税雇主部分的 7270 万美元；收到并确认了来自其他政府来源的赠款的 170 万美元和 590 万美元的其他营业收入。

6.2　英国康养产业投融资机制发展借鉴

6.2.1　英国康养产业发展现状

包括英国在内的欧洲国家是较早步入老龄化社会的国家，19 世纪后期，包括英国在内的欧洲发达国家就开始迈入老龄化。根据万德资讯库数据，1990 年、2000 年、2010 年、2019 年，英国的人口结构中，65 岁及以上人口分别为 899 万、929 万、1017 万、1227 万，在总人口中的占比分别为 15.73%、15.81%、16.27%、18.42%。英国是世界各国中老龄化程度较深的国家之一。经济合作与发展组织（OECD）数据库预计，到 2050 年，英国老年人口比例将达到 29%，届时，英国将有约 1/3 的人口是老年人。

为积极应对不断加深的人口老龄化，英国积极推动养老产业的发展。英国的养老产业较早就实现了向社会资本的放开，同时不断降低对于私人民营类企业的准入门槛。20 世纪 90 年代开始，英国的养老产业就基本完成了私有化的改造，这使得企业成为英国养老产业发展的主导力量，同时逐步确立了以企业、政府和个人共担为特征的养老模式。国家养老金的来源也由此形成了以下三个组成部分：一是年轻时缴纳的国家养老金；二是职业养老金；三是个人储蓄及购买的养老保险。截至目前，随着英国养老养生产业对私人民营类企业的准入门槛的不断降低，在英国的居家养老服务供给体系中，私人民营类企业的占比达到了 74%，在养老护理供给主体中，民营机构也达到了约63%的水平。

另外，相对于不断加深的人口老龄化带来的养老产业的需求，近年来，英国的中央政府和地方政府对于养老产业的财政资金投入没有实现同幅度的增长，由此导致养老产业发展过程中的供需矛盾不断深化。为有效解决养老产业发展过程中的供需矛盾，英国政府除了将养老产业向社会资本放开，不断降低对民营类企业的准入门槛外，还积极鼓励外资进入养老产业市场，由于英国的资本市场也具有比较高的开放程度，这使得英国的养老产业市场对其他国家的企业也具有比较大的吸引力。美国、中东国家以及中国的资本开始瞄准英国的养老产业市场，其中，以美国的资本最为活跃，其中比较有代表性的是 Pegasus Life 公司和 Ventas 基金公司。

Pegasus Life 公司成立于2012年，其发展宗旨是要为其客户，特别是老年客户提供独立的和具有个性化的生活空间。Pegasus Life 公司投资建设的养老社区设备非常齐全，不仅能够提供老年人必需的专业医疗或护理服务，同时还配备有水疗中心、咖啡厅等多样化的生活配套设施与场所。在企业发展领域方面，出于对养老地产市场的较为精准的理解和认识，Pegasus Life 公司将业务领域聚焦在养老地产领域。Pegasus Life 公司发展迅速，在短短几年的时间里就发展成为英国最大的养老地产开发商。从企业发展的资本投融资来看，Pegasus Life 公司是英国养老产业上市公司中以国外债务融资作为主要融资模式的典型企业，也就是说，Pegasus Life 公司在进行融资时主要采取的是向国外的大型金融机构筹集资金的方式。2012年该公司成立之初，便通过上市发行股票的方式成功募集到了3亿英镑的资金。而其投资人是国际性的资产管理公司美国橡树资本管理有限公司（Oak tree Capital Management）。由此，Oak tree Capital Management 也成为 Pegasus Life 公司最大的股东。2016年夏，Pegasus Life 公司又从美国著名的跨国保险及金融服务集团 AIG 公司获得了4.5亿英镑的债务融资，用于在未来两年内新建约800套养老房产。通过这笔融资，Pegasus Life 公司的经营规模也得到进一步扩大。

Ventas 基金公司是一家美国的基金公司，在英国鼓励外资进入养老产业的政策的激励下，该公司进入到英国的养老地产市场，并聚焦于开展养老地产的 REITs 业务。相对于其他国家，英国的 REITs 业务起步相对较晚，首批 REITs 业务发起于 2007 年 1 月，紧接着受到 2008 年全球金融危机的影响，刚刚起步的养老地产 REITs 业务几乎处于停滞状态，聚焦于投资养老地产市场的 REITs 基金公司就更为稀少了。美国的 Ventas 基金公司是经营养老地产 REITs 业务较为成功的公司，同时，英国与美国文化相近，同为金融市场中最为发达的国家之一，在英国政府的鼓励与支持下，Ventas 基金公司进入英国的养老地产市场经营养老地产 REITs 业务并且取得了巨大的成功。目前英国已经成为 Ventas 基金投资的第三大市场。作为一家领先的房地产投资信托基金（REITs）公司，Ventas 基金公司的主要投资领域是养老地产以及医疗地产。为了配合所投资的英国养老房地产项目，Ventas 基金公司通过售后租回的交易方式相继收购了英国当地的三家民营医院，其中一家是英国第二大的民营医院 Spire Healthcare。另外，为了更好地投资高端的养老社区和机构公司，Ventas 基金公司与周边的特定医院和护理站建立了合作关系，形成直接对接的医疗服务站点，为入住养老社区的老年人随时提供及时的、有效的医疗护理服务。

6.2.2　英国康养产业投融资机制发展经验

英国的养老产业融资具有以下两个特点。

第一，英国的养老产业融资充分发挥了政府和市场各自的作用。欧洲大部分国家是典型的福利国家，政府的财政资金投入是发展养老产业最主要的资金来源，这成为欧洲国家长期以来的养老产业融资的主要特点。但是近年来，随着欧洲国家人口老龄化的不断加深，这种主要依赖政府的养老产业融资模式越来越难以为继，因此欧洲国家近年来纷纷出台了一系列政策鼓励和支持民间资本投资于养老产业，英国形成了"个人缴纳＋职业养老金＋储蓄保险"相结合的养老服务模式，企业在养老产业融资中的作用越来越重要。英国正是由于改变了过去过于依赖政府财政投入的养老产业投融资机制，改为积极鼓励民间资本和社会投资，形成了政府和市场相结合的投融资机制，才使得英国的养老产业得到快速发展。

第二，完善的金融市场和中介服务市场是养老产业投融资机制不断走向完善的前提和条件。英国的金融市场非常发达，中介服务体系也很健全，这些为养老产业融资的便利化、养老产业的多元化和市场化发展提供了有利的金融条件。

6.3 德国康养产业投融资机制发展借鉴

6.3.1 德国康养产业发展现状

20 世纪后期，德国开始迈入老龄化。根据万德资讯库数据，1990 年、2000 年、2010 年、2020 年，德国的人口结构中，65 岁及以上人口分别为 1179 万、1334 万、1690 万、1809 万，在总人口中的占比分别为 14.91%、16.24%、20.66%、21.75%。目前，德国已经进入深度老龄化社会，被戏称为"欧洲养老院"，是欧洲人口老龄化程度最高的国家。

德国民众普遍追求户外健康休闲生活，这使得德国的健身产业发展迅速。德国人均寿命高于全球平均水平。德国人的长寿源于其对健康的追求。德国人非常重视休闲生活，周末喜欢去户外，重回大自然，没有远足条件的，也去当地公园、植物园等"绿色地带"，有助于提升情绪和自信心。德国健身产业发达，带动了 20 多万人就业。

顺应国民对于户外健康休闲生活的追求，以及人口老龄化程度的不断加深，德国在世界上较早提出了"康养"的概念。德国是世界上发展森林康养产业最早的国家，早在 20 世纪 40 年代初，德国的巴特·威利斯赫恩小镇就创立了世界上第一个森林浴基地，被认为是森林康养的雏形，形成了最初的"森林康养"的概念。"森林康养"一词就是从"森林浴"发展而来的。"森林浴"起源于德国的"气候疗法""地形疗法""自然健康疗法"，是由温泉浴、日光浴等衍生出来的名词。德国的森林康养起源最早并且发展成为森林医疗型产业。巴特·威利斯赫恩小镇目前有 15 万公顷市有林、100 余万公顷的森林疗法步道及疗养观光场所，全镇人口中 70% 以上的就业几乎都与森林疗养有关。

　　在德国，森林康养被称为"森林医疗"，重点在医疗环节的健康恢复和保健疗养。1962 年，德国科学家弗兰克（K Franke）发现人体在自然环境中会自动调整平衡神经，恢复身体韵律，认为树木散发出来的挥发性物质，对支气管哮喘、肺部炎症、食道炎症、肺结核等疾病具有显著的疗效。20 世纪 80 年代，森林康养成为德国的一项基本国策，被纳入国家医疗保障体系，德国政府明确规定，该国公民到森林公园花费的各项开支，都可被列入国家公费医疗的范围。另外，德国还强制性地要求公务员进行森林医疗。随着森林医疗项目的推行，德国公务员的生理指标明显改善，健康状况大为好转。而森林康养被纳入医保后，德国公费医疗费用不但没有上升，反而下降了 30%，每年能够节约数百亿欧元的医疗费用。而与此同时，德国的国家健康指数总体上升了 30%。德国森林康养产业的发展，不仅带动了该国住宿、餐饮、交通等行业的发展，还催生出森林康养治疗师、导游、护理等职业。此外，在森林康养产业发展的过程中，德国还形成了一批极具国际影响力的产业集团，如高地森林骨科医院等。目前，德国提出"森林向全民开放"的口号，规定所有国有林、集体林和私有林都向旅游者开放，森林康养医院数量达到 350 多家，每年森林游憩者接近 10 亿人次。森林康养的发展也极大地带动了德国乡村旅游业的发展，成为德国乡村振兴不可或缺的有机组成部分。德国对森林康养专门人才进行了系统培养，形成了森林康养向导、营养师、理疗师等针对不同森林康养需求的人才层次。德国拥有 350 多处森林康养基地，最为典型的是巴特·威利斯赫恩小镇，该镇拥有 350 多名森林康养医疗工作者，每年接待游客多达 7 万人次，加之国家强制公务员定期进行康养以及将其纳入医保体系，进一步提高了全民健康素质。总之，德国的森林康养基地建设在政府主导下，依托丰富的森林资源，以森林康养小镇为载体，注重专门人才和医疗卫生建设，使得森林康养产业发展取得了巨大成功。

德国是世界上第一个以比较完备的立法确立社会保障制度的国家，其起源可以追溯到 19 世纪末德国首相俾斯麦时期。1889 年颁布的《伤残和老年保险法》也是世界上第一部养老保险法律。

德国的医疗产业发展迅速，优势明显。主要有以下做法：一是对从业人员素质要求比较高。在德国，一个人必须经过七年的医学院博士学习、三年的驻院医生经历、两年的专科医生经历，才能获批成为一名有处方权的医生；二是医疗费用相对较低。德国的医疗费用大约只有美国的 30% ~ 50%，具有较明显的价格优势；三是德国的医疗更注重安全性，患者对于德国医疗的信任程度比较高（李惠莹等，2019）。

6.3.2 德国康养产业投融资机制发展经验

截至目前，德国规模较大的以康养业务为主营业务的上市公司有两家。整体来看，德国康养上市公司的市值远低于美国康养上市公司。整个欧洲以康养业务为主营业务的上市公司具体见表 6 – 3。

表 6 – 3 　　　　欧洲以康养业务为主营业务的上市公司

公司名称	交易所	总市值/亿元	总营业收入/亿元	净利润/亿元	净利润率/(%)	业务领域
Korian Medica SA	巴黎证券交易所	165.93	7.77	0.24	3.09	护理服务、养老院和诊所
Ambea AB	斯德哥尔摩券市场	19.40	14.74	1.16	7.87	护理服务、养老院和诊所

公司名称	交易所	总市值/亿元	总营业收入/亿元	净利润/亿元	净利润率/(%)	业务领域
Attendo International publ AB	斯德哥尔摩券市场	10.97	24.78	0.75	3.03	养老院、家庭护理中心和居家护理
LNA Sante	巴黎证券交易所	5.37	18.43	0.39	2.12	养老院、诊所和康复服务
Humana AB	斯德哥尔摩券市场	3.04	12.65	−0.60	−4.74	居家护理和疗养院
Orpea SA	巴黎证券交易所	1.30	4.54	0.09	1.98	养老院、康复医院和家庭护理
Maternus Kliniken AG	法兰克福证券交易中心中小板	1.05	2.11	0.09	4.27	养老机构、护理机构和康复
EuKedos SpA	意大利证券交易所	0.96	7.98	−0.14	−1.75	护理服务
Eifelhoehen Klinik AG	法兰克福证券易所	0.85	6.28	−0.06	−0.96	医养结合机构

注：市值及人民币汇率统计日期为 2022 年 10 月 18 日。
资料来源：和君康养事业部研究报告。

6.4　日本康养产业投融资机制发展借鉴

6.4.1　日本康养产业发展现状

相对于其他发达国家，日本的康养产业发展较晚，但通过充分发挥"后发优势"，积极借鉴其他发达国家的成功做法，日本的康养产业后来居上，达到较高的发展水平。

在森林康养产业发展方面，日本起步较德国晚了三四十年的时间，

1982 年才从森林浴开始起步，但其发展非常迅速。1982 年日本林野厅首次提出要发展森林浴。通过引进德国的"森林疗法"和苏联的"芬多精科学"，结合补充代替医学和循证医学，开展了大量实证研究，初步证明森林浴对于人类健康的益处，并在国民中大力推广森林浴，每年有数亿人次进行森林浴。为了实现森林疗养的快速普及和发展，2003 年成立了森林疗养学会，接下来又成立了各类森林疗养地，引导企业进行投资，使得其在获取利益的同时能够对当地的森林资源进行有效的保护（何莽，2020）。日本通过制定统一的森林浴基地评价标准，建立了严格的行业准入机制，在全国范围内推行，有效地促进了森林保健旅游开发；大力加强森林浴基地建设。2004 年，日本林野厅提出"森林疗法基地"的概念，2008 年成立了非营利性组织"森林疗法协会"，开展的主要工作包括森林浴基地及森林疗法步道的认证、森林疗法的普及和宣传、森林疗法的人才培养等。通过以上工作的开展，目前森林浴基地和森林疗法步道几乎遍布了日本的所有县市。日本重视对森林康养专业人才的培养。从 2009 年开始，日本每年组织一次"森林疗法"验证测试，所有森林康养从业人员都要参加分级考试，获得一级资质的从业人员可以成为森林康养理疗师，获得二级资质的从业人员只能成为森林康养向导（护理）；改善森林康养基地的交通条件和市政设施条件。为加强森林康养基地与城市之间交通的便利性，日本政府在公路、桥梁、水网、电网等交通与市政设施建设方面投入大量的财政资金；加强森林康养相关的法律建设，以国家法律法规的形式明确了森林康养为国民福祉、规定了国家和地方政府在森林康养发展中的职责及工作任务，并在森林康养的实践工作中不断修订与完善相关法律法规。为加强森林保健资源的保护、利用与管理，在 1985 年就制定了《关于增进森林保健功能的特别措施法》，并依据实际情况不断进行修订；日本还专门成立了森林医学研究会，开展森林康养相关的理论研究。这使得日本的森林健康功效测定技术迅速提升并达到世界上最先进的水平。日本的森林疗法基地建设起步较早，并且形成了完善的认证评价体系。2006—2016 年，已有 62 个场所被森林疗法协会认证为森林疗法基地，同时，还建立了森林疗法向导及疗法师的教育培训模式。森林疗法协会从 2009 年开始实施疗法师的培训及认证以来，已经培养了 1000 多名森林疗法师。日本森林疗法基地的建立，不仅从预防医学角度向人们提供了一个良好的进行健康管理的场所和放松的机会，同时也为当地政府和企业创造了经济利益，使得境内退化的森林景观得以恢复。总之，在森林康养产业发展方面，日本的森林康养基地建设以市场为导向，充分利用森林和地热资源，以交通市政建设为先导，促进了本国森林康养产业的发展。

在养老产业发展方面，日本是全球老龄化率最高、老龄化速度最快的国家。20 世纪 70 年代，日本开始步入老龄化进程。1970 年，日本 65 岁以上人口比例就达到 7%；经过 30 年，到 2000 年，日本总人口数为 1.269 亿，其中 65 岁以上人口所占的比重从 7% 迅速提高到 17.4%；2006 年，日本 65 岁以上人口所占的比重在世界各国中率先突破 20% 的大关，进入深度老龄化社会；2015 年，日本 65 岁以上老人 3384 万，占总人口比例提高到 26.7%，80 岁以上老年人口达到 1000 万，创下历史新高；截至 2019 年底，日本 65 岁及以上人口占比达到 28%，在世界各国中继续保持占比最高的纪录。预计到 2050 年，日本老年人口将达到 3764 万人，占总人口的比重将达到接近 40% 的水平。与此同时，日本需要护理和照护的老年人口也在急剧增加。截至 2015 年，日本需要护理的老年人口为 467 万，老年人中存在认知障碍的人口约 500 万，占老年人口的比重达到 15%（李惠莹等，2019）。

严峻的人口老龄化发展趋势在给日本带来空前的养老压力的同时，也倒逼日本加快发展养老福利事业和养老产业。日本的养老产业在市场规模、社会功能、从业人员的专业化和生产技术装备的专门化等方面都具备了产业构成的要素，进入了产业扩张期发展阶段，产业规模约为 39 兆日元，今后将以 4%～5% 的年增长率稳定地成长，至 2025 年将成为拥有 112 兆～155 兆日元的巨大规模的支柱产业。日本的养老产业大体可分为以下五大领域：一是老年产品制造业领域，指的是以老年人为主要消费对象的各种机械、器具、用品和食品等的制造和销售，其种类随着科技的进步日益增多；二是老年生活和护理服务领域，一般可分为老年服务业和机构养老业的两大块市场；三是老年房地产领域，包括退休社区、老年人公寓等的建设，以及老年人现有住宅的改造等；四是老年金融保险领域，包括老年人金融资产的投资管理和各种老年险种等业务；五是老年休闲服务等领域，如老年旅游、文体等。

为积极应对人口深度老龄化问题，推进养老产业发展，日本积极借鉴美国等国家的成功经验，相继颁布了一系列相关法律，推动养老产业的发展。1963 年颁布了《老年福利法》，倡导保障老年人生活利益，推行社会化养老。全国大范围修建福利院，所用经费 75% 由国库支付，25% 由地方政府负担；1969 年，东京率先对 65 岁以上老人实行免费医疗；1973 年，老年人免费医疗作为国策在全国推行。但是，由于国民家庭观念较重，最后形成了养老院无人问津的局面，免费医疗带来的庞大财政问题也日益棘手，这促使日本逐渐开始从纯社会化向居家养老过渡。1982 年，日本通过出台《老年保健法》，将养老的重心转向了居家养老、护理照料等方向。《老年保健法》提出"40 岁保健，70 岁医疗"的原则，即 40 岁以上的国民可免费享受疾病的预防诊断、检查、保健治疗，70 岁以上的老人除支付必要的医疗费用外，其他费用均由国家和保险机构承担。完善了以居家养老为中心的社区老年服务体系，扩大了家庭服务员队伍，为老年人提供特别看护的短时服务和日托服务等。1989 年颁布了《高龄老人保健福利推进 10 年战略计划》。2000 年，在《老年保健法》的基础上，日本政府又推出了《介护保险法》，实施"介护保险制度"。"介护"是介于"照顾"和"护理"之间的一种服务，根据该法律条文，所谓"需要介护的状态"，主要是指入浴、排便、饮食等需要照顾、需要机能训练和护理、需要疗养及其他医疗，以及为其提供必要的保障医疗服务和福祉服务，才能使其能够有尊严地度过与其具有的能力相适应的自立生活。介护保险将居住在日本的 40 岁以上者纳为服务对象，其中 65 岁以上的日本人为第一被保险者，40～65 岁的日本人为第二被保险者。

国家负担介护保险费的 50%，各地上缴的介护保险资金负担 40%，使用者自付 10%（李惠莹等，2019）。介护保险制度的实施，使得那些由于身体原因，在排便、饮食等生活方面需要特殊照顾和护理服务的群体得到相应的照护，享受到有尊严的养老服务。

6.4.2　日本康养产业投融资机制发展经验

从 20 世纪 70 年代开始，日本政府就致力于推动养老产业的发展。由于养老产业前期投资较高、投资收益较低的特殊性，日本在养老产业发展初期也遭遇到融资的困境。面对这一养老产业发展的首要难题，日本政府积极进行投融资机制的改革，一方面在发挥政策主导地位作用的基础上，积极引入市场机制，吸引尽量多的市场主体参与到养老产业发展中来；另一方面不断创新养老产业的融资渠道，吸引尽量多的社会资本进入养老产业，为养老产业发展提供了稳定的资金保障。在政策的大力激励和支持下，日本逐步形成了政府和社会资本合理分工合作的养老产业投融资机制，通过投融资机制的不断完善助推日本的养老产业迅速发展起来。日本政府通过不断完善医疗保险体系，特别是通过不断完善介护保险制度，使得社会资本对于投资养老产业的积极性不断得到提高。

首先，形成了由政府财政引导、社会资本主体积极参与的融资模式。多样化的融资渠道是日本克服养老产业融资困境的关键。对于不同细分类型的养老产业，政府和企业扮演着不同的角色，分工明确。具体而言，对于保障型基础设施建设由政府出资进行建设，并界定服务对象和范围；对于具有经营性质的个性化养老设施和服务供给，则主要由民间资本进行建设，政府则通过补贴、税收优惠等手段起到引导作用。

其次，日本政府对养老产业融资提供了大量的政策性扶持。日本具有世界领先的政务管理机构和完善的政府服务体系，这对养老产业顺利完成融资具有重要意义。政府高效规范的服务机制为养老产业发展节省了不必要的审批流程和相关费用，也保证了市场环境的良性有序运行。

除了高效的政府服务机制外，日本社会融资服务机构和中介服务机构的发展也相当完备。金融服务机构主要包括大和证券、三井住友、富士银行等，会计师事务所如德勤等、律师事务所如高桥大谷等都具备了全球领先的服务质量和水平，为养老产业融资提供了较大的配套支持。日本注重相关制度和政策体系建设，也发挥了重要的作用。早在20世纪60年代日本养老产业发展之初，政府等相关部门就开始建设养老保障体系，先后出台了《民营养老院设置运营指导方针》《老年人保健法》《护理保健法》等法律法规，形成了养老金制度、国民健康保险、老年人保险等一系列社会保障制度，建立了以养老年金保险制度、看护保险和长寿医疗保险为主要内容的养老产业发展格局，为养老产业融资创造了有利环境。1988年，日本政府开始为养老企业提供低息免息的长期贷款，并给予税收优惠政策。2000年实施的《看护保险法》，从法律层面上将对老人的看护照料责任由家庭扩展到了整个社会，由此大大促进了养老产品、养老设施和老年住宅、金融保险等需求的增加。

在政府财政的积极引导下，日本社会资本主体积极参与到养老产业中。社会资本主要负责的是营利性的养老投资。在日本，投资养老养生产业的社会资本主要来自上市公司。目前，东京证券交易所拥有9家以康养业务为主营业务的上市公司，多数市值在20亿元以下，营收不超过25亿元，相对于美国等国家，日本以康养业务为主营业务的上市公司整体规模不大。日本以康养业务为主营业务的上市公司具体见表6-4。

表6-4 　　　　　　　　日本以康养业务为主营业务的上市公司

公司名称	交易所	总市值/亿元	总营业收入/亿元	净利润/亿元	净利润率/（%）
Amvis Holdings	东京证券交易所	165.93	7.77	0.24	3.09
KK 魅力护理	东京证券交易所	19.40	14.74	1.16	7.87
St-Care 控股	东京证券交易所	10.97	24.78	0.75	3.03
日本护理21	东京证券交易所	5.37	18.43	0.39	2.12
Uchiyama Holdings	东京证券交易所	3.04	12.65	-0.60	-4.74

续表

公司名称	交易所	总市值/亿元	总营业收入/亿元	净利润/亿元	净利润率/(%)
日本护理服务	东京证券交易所	1.30	4.54	0.09	1.98
Internet Infinity	东京证券交易所	1.05	2.11	0.09	4.27
思达	东京证券交易所	0.96	7.98	-0.14	-1.75
长寿控股	东京证券交易所	0.85	6.28	-0.06	-0.96

注：市值及人民币兑日元汇率统计日期为 2022 年 10 月 18 日。
资料来源：和君康养事业部研究报告。

　　日本市值最大的康养上市公司是安比斯控股（Amvis Holdings）。2016年 10 月，通过股权转让，安比斯控股株式会社成立，过渡到由安比斯公司 100% 子公司的控股公司结构。日医学馆是日本成立最早的、经营规模最大的养老公司，该公司从 1996 年开始发展以居家护理为主的长期护理业务。截至 2018 年底，公司的养老机构数量达到 1404 个，遍及日本各个地区，接受养老服务的老年人达到 15 万人。日医学馆的快速发展一是源于其在日本政府正式推出《介护保险法》之前的 1996 年就开始推出以居家介护为中心的介护业务，在企业发展上占据了先机；二是通过多元的业务形成了资金规模优势，对其他企业形成了进入壁垒，给公司带来了一定的竞争优势。

　　受到长期人口老龄化、少子化的影响，日本传统的家庭养老模式日渐退化。在这一背景下，日本对养老金、医疗保险、社保税收的一体化等进行了一系列的改革。特别是从 20 世纪 60 年代开始，日本开始密切关注社区养老，并创新性地提出了"介护"服务。在 1963 年推出的《老人福利法》、1982 年推出的《老人保健法》、2000 年推出的《介护保险法》、1989 年推出的《高龄老人保健福利推进 10 年战略计划》等一系列政策的推动下，社区养老的主体地位逐步明确，通过缴纳护理保险费等方式，形成了社会保险与政府财政分别负担一半的养老资金机制（何莽，2021）。

　　日本养老产业的发展表明，健全的法规政策与完善的金融市场能够保障并激发社会资本的活力，而有效的金融监管又是保障金融市场有序运行的重要力量。针对居民固有的居家养老传统观念，以及政府难以新建养老设施的情况，日本通过实施《看护保险法》，以契约的形式建立了便利、公平和高效的援助体系，将家庭护理责任社会化，从而带动了养老产业需求的增加，激励了日本大部分上市公司对养老产业的投资供给。另外，完善的金融市场为养老产业的融资提供了多样化的融资渠道，保证了养老产业发展的资金需求。人口老龄化的不断深化必然导致国家的养老财政入不敷出，这就需要在养老保险金与资本市场之间构建起一个良性互动、相互增值的良好关系并以此推动养老产业的发展，将养老保险金稳健地配置在资本市场是发达国家的普遍做法，日本为了实现市场化运作建立了还原融资，通过按比例抽取养老金的运营资金委托给信托银行和人寿保险公司运作来实现市场化高效率配置。上述投向资本市场的养老金部分，又会以社会资本的形式重新流入营利性养老地产的开发，这样既可以为老年人提供附加服务，又可以实现在不同收入水平下的老年人群内部的二次分配。

第7章　我国康养产业投融资机制优化目标

　　我国康养产业需求面临不断增加的发展趋势。首先，近年来，我国人口老龄化程度不断加深，预计到 2023 年底，我国老年人口将达 1.17 亿人，老龄化率 20.1%，达到中度老龄化程度；到 2030 年，我国老年人口将达 3.62 亿人，老龄化率 25.5%，进入深度老龄化的阶段。除了人口老龄化程度的加深，我国失能和半失能老年人数量众多，2021 年为 4400 万人，未来还将快速增加。从而导致对于康养产业的需求不断增加。据不完全统计，2021 年我国市场上有年均 5000 亿～7000 亿元的康养产品是为满足老年人需求而提供的，但这仅仅能够满足约 16% 的老年群体的需求。康养产业的供需结构仍存在较大的错位，巨大的市场潜力有待发掘。人口老龄化的现实显露出巨大的市场缺口（何莽，2021）。其次，2021 年我国人均 GDP 已经超过 1.2 万美元，广大人民群众对于高品质生活的消费能力不断提高，"消费升级"进一步刺激了对于康养产业的需求。新冠疫情下外部需求急剧减少导致"扩大内需"战略的调整，作为"内需"重要组成部分的康养产品和服务的需求将随着"扩大内需"战略的实施得到进一步强化。再次，养老作为最大的民生问题，具有满足需求的刚性要求。2020 年 12 月，国务院办公厅印发《关于促进养老托育服务健康发展的意见》，首次在国家层面提出整体推进解决"一老一小"的问题。2019 年我国养老产业市场的供给水平不足千亿，对 GDP 贡献率仅为 8% 左右，不及同期发达国家发展水平的 1/3，产业规模存在较大差距。可见，我国养老产业供给存在较大缺口，供需结构严重失衡（刘佳琪，

2019）。我国现有的优质养老服务供给不足，传统的养老服务供给难以满足现有老年人的养老需求（何莽，2020）。最后，相关数据显示，2019 年我国亚健康状态者所占人口比例高达 77%，即处于亚健康状态的人数已超过 7 亿。从这方面看，甚至是中青年人群对于康养产业的需求都是非常大的（梁云凤和胡一鸣，2019）。

在产业供给方面，康养产业具有资金投入规模大、资金回收周期长、投资回报率有限等特征，影响了产业的供给。另外，通过与发达国家进行比较可以看出，我国的康养产业供给也存在较大差距。以康养产业上市公司为例，目前美国和日本都已经出现了以安宁疗护和临终关怀为主业的上市公司，并且上述上市公司的盈利能力整体上表现不错。美国约有 4500 家临终关怀机构，有超过 11000 家获得 Medicare 认证的家庭健康机构运营。我国目前尚未出现以安宁疗护和临终关怀为主营业务的公司，更没有出现以安宁疗护和临终关怀为主营业务的上市公司。安宁疗护和临终关怀仍然是以医院为主体来进行提供。这表明我国康养产品和服务的供给还存在一定的空白和短板，还难以满足人们不断提高的对于康养产业发展的需求。通过优化投融资机制，才能从根本上激励供给主体，增加康养产业供给规模，满足日益增长的康养产业需求。

为了补足我国康养产业的供需缺口，满足日益增长的康养产业需求，从产业投融资角度，就应该不断优化产业投融资机制，通过康养产业投融资机制的优化来带动康养产业供给规模的扩大。本章将结合我国康养产业投融资机制发展现状及存在的问题，在借鉴美国、英国、德国、日本等发达国家经验做法的基础上，从投融资主体、投融资渠道、投融资制度、投融资管理机制等方面提出我国康养产业投融资机制优化的具体目标。

7.1　投融资主体多元化

康养产业是一个面向全民的产业，康养产品中的基本产品，如公共健康、基本医疗卫生服务、基本养老服务等涉及人的健康与养老的基本保障，关系到人的最基本的生命尊严，因此属于民生范畴，应坚持公益性原则，使得全体公民都能够平等地享受到保障性康养产品。保证全体公民享受到基本的、保障性的康养服务，是一个国家最基本的社会保障问题，因此也是一个具有重大社会影响的民生问题，是体现我国社会主义制度优越性的基本国策。康养产品具有准公共产品的特点（杨继瑞和赖昱含，2018）。保障性康养产品和服务属于公共服务的范畴，具有很强的正外部性，应由政府或政府与市场共同提供，才能满足全体公民的基本康养需要。我国康养产业发展时间不长，目前仍处于产业成长期，产业发展需要积极的产业政策进行支持和引导。产业政策的支持与引导能够向市场释放积极的产业信号，对于产业的发展会发挥巨大的引导和推动作用。康养产品的准公共产品属性和外部性特征、康养产业的产业生命周期特征决定了政府应对康养产业发展提供必要的支持和引导。

根据福利多元主义理论，福利的提供不能仅仅依靠政府，应该由政府和非政府主体共同承担。康养产品和服务既包括具有公共产品属性的"基本康养产品和服务"，也包括具有私人产品属性的"改善康养产品和服务"。坚持公有制经济和非公有制经济共同发展是我国长期坚持的一项基本国策。2022 年 12 月 14 日，中共中央、国务院印发的《扩大内需战略规划纲要（2022—2035 年）》指出，为落实扩大内需的战略要求，将进一步加大对于民间投资的支持和引导力度。发挥政府资金的引导带动作用，通过各项激励政策，支持和引导民间资本投资，特别是要扩大民间资本对于战略性新兴产业的投资。扩大民间资本的投资，从根本上来说，就是要充分调动非政府主体的投资积极性，提高非政府主体的投资参与度。另外，康养产业投资回报率有限，美日等国家养老产业平均利润率仅在 5% 上下，对于非政府主体的吸引力不足。我国养老产业作为新兴产业，产业发展的资金需求量大，建成后资金回收周期长，投资具有较大的经营风险，这些因素都影响了社会资本对于养老产业的参与积极性。据测算，2030 年前我国政府在养老服务业领域存在着一定的资金缺口。"十三五"期间，政府在养老服务业领域的资金缺口合计为 4419 亿元，年均资金缺口为 884 亿元；2021—2030 年，政府在养老服务业领域的资金缺口逐渐缩小，合计约为 4227 亿元，年均资金缺口为 423 亿元；到 2030 年，政府在养老服务业领域的资金缺口仅为 163 亿元，基本达到紧平衡状态。但是，在考虑到提高养老服务质量的情况下，2021—2030 年政府在养老服务业领域的资金缺口不但没有缩小，反而是不断扩大的，年均资金缺口为 992 亿元，合计 9915 亿元（许江萍和张东志，2015）。另外据测算，"十三五"期间，基本养老服务业对民间资本的投资需求合计为 6464 亿元，2021—2025 年合计为 5629 亿元，2026—2030 年合计为 5546 亿元。2014—2030 年的 17 年间，基本养老服务业对民间资本的投资需求合计为 20274 亿元，平均每年约为 1193 亿元（许江萍和张东志，2015）。因此，为保障在未来能够为老年群体提供质量不断提高的养老产品和服务，仅仅依靠政府的投资是远远不够的，需要通过完善对非政府主体的激励机制，提高非政府主体的投资积极性。近年来，我国明确提出支持社会力量增加在医疗、养老等领域的服务供给，如 2017 年国务院政府工作报告提出"支持社会力量提供教育、文化、养老、医疗等服务"，2018 年国务院政府工作报告提出"支持社会力量增加医疗、养老、教育、文化等服务供给"。

结合我国康养产业目前所处发展阶段、康养产业的属性和特征，以及国内外康养产业的发展经验，推动我国康养产业实现快速的、可持续的发展首先要形成多元的投融资主体。通过第 6 章对于美国、日本和欧洲国家康养产业投融资经验的比较分析，可以看出，政府在康养产业中的不同定位直接决定了该产业的融资平台、融资工具的差异，引导社会资本投资康养产业是构建多层次、多元化康养产业服务体系的有效途径。发达国家的发展经验表明，应对人口老龄化程度的不断加深，需要引导社会资本积极投资康养产业，实现康养产业的市场化发展，只有如此才能让康养产业获得可持续发展能力，才能有助于多层次、多元化康养服务体系的构建。多层次、多元化康养服务体系的构建需要吸引尽量多的投融资主体进入康养产业。长期以来，房地产企业、保险企业、医疗企业、家政或物业企业等是投资康养产业的传统的投融资主体，随着康养产业的不断成熟，产业边界与覆盖人群的持续扩大增长，吸引其他领域企业的投资成为必然的趋势，如2020年7月旺旺集团宣布进入养老产业，与日本专业养老品牌爱志（EARTH SUPPORT）株式会社合作，在上海提供养老服务，并成为上海市首批长期护理保险的指定服务单位。银行、保险、基金等各类金融机构纷纷推出个人养老金融产品，作为重要的主体进入康养产业。基金公司推出了养老目标基金，银行推出了养老理财产品、养老储蓄产品等，保险公司推出了养老型年金产品、养老保障管理产品等，并在2018年启动了税延型养老险，等等。未来，需要进一步完善吸引社会资本投资的激励机制和制度保障，使得社会资本发展成为康养产业重要的投资主体。对于各类真正投资于康养产业的投资主体，国家应在土地供给、税费减免、财政补贴、银行贷款等方面给予相应的优惠，使得社会资本投资康养产业能够获得社会平均投资收益，这对于吸引社会资本投资康养产业至关重要。

总之，我国康养产业投融资机制的优化首先要实现投融资主体的多元化，要充分发挥政府财政资金的示范引导作用，积极吸引社会资本成为康养产业的重要投融资主体，构建包括政府、企业、社区、公益性社会组织等在内的多元化的康养产业投融资主体系统；要不断放宽康养产业的市场准入。近年来，我国不断放松对于康养产业的市场准入。另外，《进一步改善医疗服务行动计划（2018—2020年）》和《关于促进护理服务业改革与发展的指导意见》则有利于鼓励实现优质护理服务下沉到城镇社区和乡村。今后要进一步放宽康养产业的市场准入，为康养产业投融资主体的多元化创造更加宽松的制度环境。

7.2　投融资渠道多样化

目前，我国康养产业投融资的主要来源渠道包括政府财政投入资金、商业银行贷款、保险公司投入资金、企业投入资金等。资金来源主要包括财政基金、金融机构贷款、企业资金等，而资本市场、外商投入资金非常少。整体而言，目前我国康养产业的融资方式比较单一，投资方式不尽合理。财政投资方式基本上采取的是无偿拨款的方式，政府参股控股、资本金投入和担保、贴息等灵活多样的投资方式尚未得到有效利用。

康养产业具有产业性和事业性双重属性，康养产业的事业性决定了其具有一定的福利性，为了保证养老服务的普惠性和可及性，不少国家对部分康养产品和服务在价格上进行限制，导致仅仅依靠企业经营难以保证正常的业务规模和盈利水平。另外，基本康养服务涉及社会基本稳定，是一个社会民生问题，涉及公平正义，需要进行保底供给，这就需要政府进行相应的干预。从产业投融资角度来看，在康养产业发展的过程中，政府对于康养产业进行干预的主要手段之一就是在一定程度上提供资金支持。发达国家康养产业发展的成功经验表明，政府对于康养产业发展提供资金支持是非常有必要的。政府对于康养产业发展提供资金支持除了财政补贴、产业发展基金等直接的方式外，还可以采用长期护理保险、政府购买服务等间接的方式。我国应该积极发展长期护理保险，积极推广政府购买服务在康养领域的应用，使得政府资金成为康养企业的重要收入来源之一，发挥政府资金对于康养产业发展的支持作用。除了基础性康养等保障性、民生性领域外，政府财政资金的投资方式尽量避免采取无偿拨款的方式，而是更多地通过政府参股控股、资本金投入和担保、贴息等灵活多样的财政投资方式，提高财政资金的使用效率。

在积极发挥政府财政资金作用的同时，从国内外康养产业发展实践来看，康养产业整体上呈现出所需投资额较大、回收期限较长、平均利润率较低、投资风险较大等特点，因此对于社会资本的吸引力不大，产业发展过程中容易出现资金短缺的问题。为了促进康养产业的持续健康发展，必须采取措施，不断创新康养产业投融资工具，以推进康养产业投融资市场化、社会化为目标，构建以企业投资为主体、以政府财政投资为导向、以金融机构投资为支撑、以外资和证券市场等各类资金为补充的多样化的投融资渠道。

构建多样化的康养产业投融资渠道，一是要大力拓宽康养产业的直接融资渠道。由于康养产业平均利润率偏低，一般康养企业很难完成原始资本积累。随着我国资本市场的壮大和政府的大力扶持，越来越多的康养企业希望能够通过资本市场，进行直接融资。对于市场化、规范化程度较高的康养服务企业，要积极为其创造直接融资的机会，大力发展直接融资。可通过证券市场让这些康养服务企业的股票直接上市，或者鼓励优秀的康养企业发行康养产业专项债券，破解康养企业融资难、融资贵的问题。依托多层次资本市场体系，拓宽投资项目融资渠道，支持有真实经济活动支撑的资产证券化，盘活存量资产，优化金融资源配置，更好地服务于康养企业发展。二是要大力推进康养产业的间接融资渠道，最大限度地降低成本。绝大多数康养企业面临资本规模较小、自有资金比例较低、担保渠道短缺的发展困境，商业银行贷款很难对这些康养企业给予关照，建议商业银行在有效控制风险的基础上，创新融资方式，增加康养产业的资金供给，对于从事康养服务业的企业，按照政策性贴息手段的方式给予扶持。政策性、开发性金融机构要加大对于康养产业的支持力度。进一步发挥政策性金融和开发性金融对于康养产业融资的积极作用。政府通过 PPP 模式，或者政策金融贷款方式，或者大力推动我国康养服务业通过资本市场融资的方式，尽快为康养服务业企业提供更多的投融资渠道。鼓励并扶持社会资本参与康养产业投资建设。完善保险等金融机构对于康养产业的投资机制。积极调动保险资金等金融资金的作用，更好地发挥保险资金对康养产业的支持作用。在风险可控的前提下，逐步放宽保险资金对于康养产业的投资范围，创新资金的运用方式。鼓励通过债权、股权、资产支持等多种方式，支持康养重大基础设施、重大项目的建设。另外，康养产业投融资来源渠道的创新，康养产业投融资结构的优化，从本质上还是有赖于我国金融环境的优化。2022 年 12 月，在由中国老年学和老年医学学会金融分会、和君咨询康养事业部、通用资本、信达风投资、达康怡生共同举办的"老龄社会下康养产业发展与金融支持论坛"上，中国老年学和老年医学学会金融分会秘书长周岭提出，康养问题本质上是带有典型金融特征的一个课题，存在着跨期、跨地域资源配置的一个基本需求。有序的金融政策环境是实现我国康养产业发展的一个重要前提和基础，可以有效保障金融资本的进入，并为相关康养企业实现良性发展提供金融政策环境基础。因此，康养产业要形成丰富的投融资渠道，本质上要求我们不断优化和改善我国的金融政策环境。总之，我国要不断丰富投融资工具，改善投融资环境，积极探索和创新适合我国康养产业发展现状和发展特征的多样化的投融资渠道。

7.3 投融资制度体系完备化

我国要采取有效措施，促进康养产业投融资相关制度体系建设不断完善。完备的制度体系对于规范企业和政府的行为至关重要。首先，要完善康养企业投融资管理体制，由康养企业依法依规自主决策投资行为，落实企业投资的主体地位；其次，要进一步明确政府在康养产业中的投资领域，不断完善政府在康养产业中的投资行为。应明确政府财政资金主要应该投向具有公益性质的基础性康养项目，原则上不投向改善性康养项目。对于确需政府投资的公共卫生服务、基础医疗服务、基本养老服务等非经营性康养项目和领域，要通过制度规定，明确政府对于这些领域的投资责任，同时可以通过特许经营、政府购买服务等市场化的方式，以政府负责提供、市场负责具体运营的方式来保障最终的产品和服务的供给，增加康养产业的整体供给能力。政府投资资金按项目来进行安排，以直接投资方式为主，对确需支持的改善性康养项目，考虑到其具有的经营性性质，应主要采取资本金注入的投资方式。对于确实需要的，也可以适当采取投资补助、贷款贴息等方式安排政府投资资金，但应当符合推进中央和地方财政事权和支出责任划分改革的有关要求，并平等对待各类投资主体，避免设置各类歧视性条件。对于政府投资项目要开展项目实施和事中事后监管，政府的投资年度计划、政府投资项目审批和实施以及监督检查的信息等都应当依法进行公开。我国康养产业投融资活动中，应不断改善企业投资管理，由企业依法依规自主决策投资行为。2022 年 12 月，中共中央、国务院印发的《扩大内需战略规划纲要（2022—2035 年）》指出，适应深化改革开放和增强内需发展动力的需要，要深入推进投融资体制改革，加大对民间投资的支持和引导力度；持续完善投资管理模式；健全投资项目的融资机制。

7.4　投融资管理机制完善化

要坚持"谁投资、谁决策、谁收益、谁承担风险"的原则，不断完善康养产业投融资的管理机制。一是要建立政府部门投资决策责任追究制度，合理界定政府部门的投资职能。政府部门应集中管理财政资金，统一财政资金对于康养产业的投资渠道，提高财政资金的使用效率。对于康养产业发展基金等康养专项资金，要加强管理，确保专款专用，不得挪用。要加强对于政府投入资金的监管和检查，加强政府投入资金的考核、监管和反馈机制。建立健全康养产业投资风险补偿机制，不断完善政府部门对于康养产业发展的间接调控职责。科学合理界定我国政府及下级政府部门对于康养产业的财政支出责任，确保基础性康养项目的资金需求。健全政府部门对于康养产业的相关投入机制，不断优化政府财政资金对于康养产业的投入结构，提高康养产业领域的资金保障力度。我国各级财政在安排相关转移支付时建立结果导向的康养投入机制，对康养项目投入绩效进行监测和评价。二是要不断完善康养产业投融资领域的市场机制建设。要在政府部门的引导下，建立以市场为主体的康养产业投融资机制，充分调动企业等投资主体对于康养产业投资的积极性，落实企业投资自主权。充分发挥市场的决定性作用，激发康养产业发展的市场活力，鼓励和引导社会资本进入康养产业，对于可以实行市场化运作的康养产业基础设施、康养项目和康养服务领域，应积极鼓励和引导社会资本进行投资。三是要优化投资结构与投资次序，统筹兼顾，有步骤、分阶段地进行投资，首先要满足保障性康养产业的资金需求，其次要满足改善性康养产业的资金需求。以积极的财政政策支持保障性康养产业发展，通过实施税收优惠、利差补贴、提供低息和无息贷款、提供担保等支持手段，确保投资主体获得平均利润率，从而保证保障性康养产业的供给规模。

第8章　我国康养产业投融资机制优化对策

为了保证我国康养产业投融资机制不断得到优化，形成多元的投融资主体、多样的投融资渠道、完备的投融资制度体系、完善的投融资管理机制，我国有必要采取一系列具体的优化对策，具体包括以下几个方面。

8.1　强化政府对康养产业发展的支持与引导作用

康养产业具有准公共产品的性质，"十四五"时期基本医疗卫生事业的公益性再次被强调。因此，政府应加大对于康养产业发展的支持与引导力度。

首先，我国政府应加大对康养产业的财政资金投入力度，包括增加康养产业财政预算资金规模、提高地方政府康养产业专项债券的发行规模、增加政府彩票公益金投入康养产业的比例，等等。养老产业金融是健康养老产业关键的一环，对于养老产业发展发挥不可或缺的作用。因此，从政策和资金层面，政府应进一步强化对于养老产业金融的支持力度，通过降低金融工具的准入门槛、政策资金投入比例等加强政策支持的力度。例如，放宽养老服务企业的上市标准，对于专门投资于养老服务业的基金通过开设专用绿色通道的办法加快审批流程，放宽养老服务产业引导基金的存续期限，等等。地方政府要出台专项的政策细则，提高支持政策的可操作性，确保国家对康养产业的财政支持政策落地、落实。

其次，要充分利用政策性金融的财政与金融兼顾的特点，强化政策性金融对于康养产业的支持力度。康养产业项目投资金额大、回报周期长、公益性强的特点决定了政策性金融与多种投融资渠道结合是康养产业投融资的主要模式。应发挥政策性金融的资金优势，提高对于康养产业的金融支持力度，特别是要发挥政策性金融工具在区域市场均衡中的调节作用，充分发挥政策性金融工具的产业引导功能，促进康养产业在不同区域间实现协调发展。从金融工具的投资区域来看，经济发达地区的金融工具的投资效率往往更高，更容易吸引到市场资本，而经济欠发达地区的金融工具的投资效率往往较低，难以吸引到市场资本，因此仅仅依靠市场性金融工具只会加剧地区间康养产业发展的差异。实现不同区域间的协调发展，需要加强政策性金融工具对于经济欠发达地区产业的支持力度。一方面需要政府在确定政策性金融工具试点城市时，均衡区域选择，将试点指标向经济欠发达地区进行一定程度的倾斜；另一方面通过评估区域政府的财政支付能力，重点补贴财政支付能力较弱的地区。发挥政府资金的引导作用，以政府资金作为区域康养产业发展的种子资金，引导当地社会资本对于康养产业的资金投入，促进区域间康养产业实现发展均衡。通过政策性金融政策对康养产业的投资结构和融资结构进行协调。通过不同区域间的政策调节，不断完善基本康养的社会保障水平，平衡发达地区与非发达地区、城市与农村的基本养老服务供给，实现基本康养服务的均衡供给。通过政策性金融工具降低市场性金融工具在经济发达地区和经济欠发达地区之间的区域投资效率差异，充分发挥政策性金融在引导市场、培育市场、促进区域同频发展等方面的积极作用。

8.2 提高社会资本的投资积极性

针对康养产业对于社会资本吸引力不足的问题，应采用以下措施，不断完善激励机制，提高社会资本对于康养产业的投资积极性。一是要加大对于康养产业的财政支持力度，充分发挥财政补贴、贷款贴息、运营补贴、税收优惠等财政支持工具的作用，提高康养产业的投资平均回报水平。以养老产业为例，受到长期以来形成的养老文化的影响，目前我国养老的主要形式仍然是居家养老，并且在可以预见的未来的很长时间内，这一状态也不会有大的改变，这就使得各类养老机构需求在短期内难以有大幅度的增加，养老产业的利润率水平长期将保持在较低的水平。为了吸引社会资本的投资，需要政府对投资养老产业的企业给予一定的优惠政策，使得它们能够获得一个合理的投资回报率。建议实行地方规费优惠政策或补贴支持政策，在民政部文件的基础上，给予民办养老机构一次性的建设补贴和运营补贴，由各地政府根据本地财政状况和物价水平对于补贴水平予以调整，并实行贷款贴息等政策。唯有如此，才能提高社会资本投资养老产业的积极性。二是通过土地供给、人才培训、信贷支持等手段为康养产业发展提供土地、人才和资金保障。加大政府购买服务在康养产业中的应用，进一步厘清政府与市场的关系。三是针对康养产业资金需求量大、资金回收周期长、投资风险大等特点，积极吸引保险资金等机构资金的投入。四是积极吸引公益慈善组织、志愿组织等非正式组织的参与。

8.3 构建多层次投融资体系

不同的康养服务，其公益性质与市场性质不尽相同，因此应采取不同的投融资机制。按照所提供产品的属性不同，康养服务可以区分为"保障性康养服务"和"改善性康养服务"。"保障性康养服务"是人们需要享受的最基本的康养服务，具有公益性质，属于社会事业的范畴，涉及社会基本民生领域。从产品属性看，属于公共产品的范畴。因此，"保障性康养服务"应该由政府无偿提供，政府可以通过政策性融资工具给予资金支持;"改善性康养服务"是在最基本的康养服务的基础上,根据自身差异化的需求,通过支付对价享受的更高品质的康养产品和服务,具有市场性质,属于市场商品和服务的范畴。从产品属性看,属于私人产品的范畴。因此,"改善性康养服务"应该由市场有偿提供,政府通过激励政策吸引社会资本积极参与,通过市场性融资工具获得资金来源。

对于养老产业,在坚持"保障基本"的总体原则的前提下,要进一步完善市场机制,完善养老产业投融资政策。一是筹措资金,提供资金保障。政府养老服务最重要的是资金的投入,各级政府应将养老经费列入财政预算,专门用于养老服务体系建设。同时为鼓励社会力量投资养老事业,政府应给予资助政策,加大财政补贴、贷款贴息、税收减免、土地支持等优惠政策的实施力度。二是引入市场机制,加大社会扶持。通过创新养老服务的提供模式,将市场引入养老行业,对现存国有养老机构进行市场化改革,将其改制为股份制或非政府性营利机构。鼓励以公办民营、民办公助、委托管理、合资合作、商业化运营等方式开展养老服务,并给予社会力量资金支持和财政补贴,优惠提供土地,减轻投资压力。

8.4　推动保险公司成为重要的投融资主体

保险企业具有持续稳定的现金流量、强大的资本撬动能力、天然的产品业务联系,以及良好的品牌信誉,因此具有经营康养产业的天然的优势。2014 年,国务院提出要"创新养老保险产品服务""发展多样化健康保险服务";2017 年,中国保监会在《关于保险业支持实体经济发展的指导意见》中指出,发挥保险产品和资金优势,推动健康和养老产业发展;2018 年国务院要求加快发展商业养老保险,促进养老服务业多层次多样化发展;2021 年 12 月,国务院《"十四五"国家老龄事业发展和养老服务体系规划》提出,支持保险机构开发相关责任险及机构运营相关保险。

　　近年来，国家层面不断出台相关政策，鼓励商业保险公司提供养老健康保险产品和服务，如《国务院关于促进健康服务业发展的若干意见》，以及保险业发展方面的《国务院关于加快发展现代保险服务业的若干意见》，都将康养产业作为当下保险行业发展的一个新的发展空间，鼓励并支持保险机构进入康养产业，为保险与康养的结合营造了一个较为宽松的政策环境。在我国，保险公司最早涉足的康养业务是"以房养老保险"试点。2013 年，我国正式推出了老年人住房反向抵押养老保险的试点活动。保险公司对自有客户推出"以房养老保险"业务，可以充分利用保险公司既有的客户优势和业务优势，通过为投保老人推出健康保险、医疗保险、养老社区服务、居家服务、体检中心、旅游服务、理财服务等一系列的服务，不断完善自身的养老服务产业链条，增加业务的附加值。但由于种种原因，虽然经历了十年的试点，最终效果并不显著，住房反向抵押养老保险产品对广大老年群体的吸引力不强，住房反向抵押养老保险的参与者不多，规模太小，没有形成可以复制推广的业务发展模式，导致保险公司对于康养产业发展的支持长期处于缺位的状态。近年来，随着相关支持政策的不断推出，保险公司加大了支持康养产业发展的力度。以商业养老保险为例，政府主导的基本养老保险具有"广覆盖，低水平"的特点，虽然能够基本满足广大老年群体的基本养老保险需求，但是在很大程度上仍然难以满足广大老年群体的高水平、高质量的养老保险需求，这在客观上要求保险公司加速发展商业养老保险业务。近年来，我国大力发展企业年金、职业年金、个人储蓄性养老保险、个人商业性养老保险等，深化医药卫生体制改革，完善统一的城乡居民医保和大病保险制度，健全基本医保筹资和待遇调整机制，持续推进医保支付方式的改革，加快落实异地就医结算制度。以上措施的实施都有利于带动保险公司成为康养产业重要的投融资主体。

　　另外，从发达国家康养产业的发展经验来看，随着老龄化的不断加深，老年人对于医疗、护理等方面的需求不断加大，相关的保险压力越来越大，亟须强化医养结合，不断完善老年人的医疗与护理保险制度

（何莽，2020）。以日本为例，日本康养产业之所以能够实现快速的发展，很大程度上是因为日本具有较为完善的社会福利制度，特别是长期护理保险制度。长期护理保险制度的有效实施，提高了日本老年人的支付能力，也为日本康养产业的发展提供了长期、稳定的收入来源。在我国积极应对人口老龄化的现实背景下，对构建和完善长期护理保险制度提出了非常迫切的要求。我国老年人口数量庞大，而且失能和半失能老人数量众多，他们不同程度地需要护理和照料服务，保险公司的长期护理保险业务具有广阔的发展前景。长期护理保险是为需要长期照顾的被保险人提供护理服务费用补偿的一种保险业务。根据保险范围的不同，长期护理保险可以分为医护人员看护、中级看护、照顾式看护、家中看护四个等级。产品类型主要包括日额津贴、费用补偿、服务提供等单一或交叉的方式，给付期限包括一年、数年、终年等。保险公司的资产特点也决定了其非常适合于开展长期护理保险业务，这一方面为保险公司自身巨额的资金开辟了一条投资渠道，另一方面可以体现保险公司承担的社会责任。我国长期护理保险制度自 2016 年试点至今，已经取得较好的效果，减轻了失能老人的家庭负担，也推动了养老产业的发展。但是目前仍然存在着覆盖面较小、渗透率较低等问题。根据国家医保局的数据，目前我国长期护理保险覆盖失能老人近 1.5 亿人，已经享受到长期护理保险相关待遇的老年人超过 180 万人。与此同时，我国失能、半失能老人的数量增长迅速，根据国家卫健委的数据，2021 年我国失能和半失能老人的数量为 4400 万人，到 2030 年将超过 7700 万人。我国长期护理保险的供需缺口将持续扩大。党的十九届五中全会提出要"衔接配合建立长期护理保险制度"。2023 年 3 月，为加快发展商业长期护理保险业务，满足广大人民群众特别是失能老年人群的长期护理保障需求，中国银保监会印发《关于开展人寿保险与长期护理保险责任转换业务试点的通知》，基于现阶段商业长期护理保险业务存在的产品供给不足、难以满足广大失能老年人群长期护理保障需求等问题，提出要充分利用存量寿险产品开展转换业务，带动商业长期护理保险业务的发展。以上一系列政策的推出和实施，将在加快试点和推进长期护理保险业务的同时，不断强化保险和医养的融合，并推动保险公司成为康养产业重要的投融资主体。同时，也只有加速推动保险公司成为康养产业重要的投融资主体，才能推动长期护理保险制度的加速构建与完善。

保险公司中的"养老保险公司"，作为我国金融市场中唯一一种名称中带有"养老"字样的专业保险机构，自然应该成为保险公司中对于康养产业进行投融资的最重要的主体。2022 年 11 月，银保监会印发了《关于开展养老保险公司商业养老金业务试点的通知》，决定自 2023 年 1 月 1 日开始在中国人民养老保险有限责任公司、中国人寿养老保险股份有限公司、太平养老保险股份有限公司、国民养老保险股份有限公司这四家养老保险公司开展养老保险公司商业养老金业务试点，试点期限暂定为一年。以上养老保险公司要充分利用上述政策，进一步聚焦养老产业，充分发挥拥有大量客户和长期资金的业务优势，进一步加快养老业务发展，迅速成长为养老产业的重要的投融资主体。

8.5　推广政府和社会资本合作（PPP）的应用

政府和社会资本合作（PPP 模式）与康养产业存在着天然的匹配性，康养产业与 PPP 模式都具有投资规模大、回收周期长的投入与产出特征。PPP 模式的创新机制能够为康养产业提供专业化、低成本和优质的服务，而且参与康养产业 PPP 项目的社会力量主要是民营企业，民营企业具有的经营机制灵活、成本控制能力强等优势，有利于推动康养产业实现可持续发展。政府和社会资本合作模式（PPP 模式）在康养产业中的实践运用，有利于吸引更多社会资本的投入，增加康养产业的资金来源，有效缓解政府财政困难；有利于加速政府职能的转变，增加政府公共服务和公共产品的供给能力，提升政府公共服务和公共产品的供给质量与供给效率；有利于有效拓宽融资渠道，促进康养产业投资主体多元化。由于以上优势的存在，政府和社会资本合作模式（PPP 模式）在新加坡、美国等国家的康养产业中得到比较广泛的应用，特别是在养老产业中得到非常广泛的应用。通过在养老产业中广泛使用 PPP 模式，有效缓解了政府在养老产业中的投资财力不足的问题；通过把追求利润最大化的高效的私营部门养老机构运营职能和政府监管等公关部门的核心职能相结合，有利于发挥私营部门养老机构和政府部门的各自的优势，提高养老产业的运营效率；养老机构有能力提供质量更高的养老产品和服务，满足了广大老年群体日益增长的养老品质需求。

目前，我国康养产业的发展与市场需求严重脱节，单纯依靠政府难以补齐短板，需要激发社会资本的投资活力与积极性，推广政府和社会资本合作（PPP）模式（蔺锁柱，2020）。因此，PPP 模式是促进我国康养产业健康发展的理想途径，可以有效解决康养产业发展中的核心问题。发展 PPP 养老产业对于破解我国老龄化难题将起到非常重要的促进作用，它的实践运用一方面对于稳定经济增长、调整产业结构、促进改革、优惠民生发挥积极的作用；另一方面又是有效拉动社会需求，增进社会效益，提高人们的幸福感和获得感的现实路径。目前，我国在养老领域尚未形成成熟的 PPP 项目发展模式，但部分城市已经进行了养老领域 PPP 模式的探索，因此，在我国健康养老服务业研究并引入 PPP 模式是大势所趋。

2016 年 3 月 16 日，第十二届全国人民代表大会第四次会议决议通过了《中华人民共和国国民经济和社会发展第十三个五年规划纲要》（以下简称《规划纲要》）。《规划纲要》肯定了在医疗和养老领域通过运用政府和社会资本合作模式（PPP 模式）来增加医疗、养老服务和产品的供给数量，提高医疗、养老服务和产品质量，能够有效缓解医疗、养老的供给需求与供给数量及质量不匹配的矛盾。我国应采取措施，推广政府和社会资本合作模式（PPP 模式）在康养产业中的应用：一是政府应对经济欠发达地区发展康养业务的 PPP 模式提供更多的政策支持，包括取消社会资本参与的属地限制，对社会资本投资进行财政补贴等，以此解决 PPP 在区域间康养服务市场效率不平衡的问题；二是鼓励商业银行、证券公司等金融机构积极创新和探索适合 PPP 项目的融资机制，拓宽信贷抵押担保物的担保范围，减轻抵押担保压力，为社会资本投资参与康养产业提供更有效的资金支持。

8.6　支持康养服务为主营业务的公司实现上市直接融资

通过第 5 章和第 6 章的分析可以看出，相对于美日等发达国家，我国目前上市公司中出现了一些布局康养产业的公司，但真正以康养为主营业务的上市公司还未出现，与发达国家存在较大的差距。截至 2022 年底，A 股上市公司中涉及或正在布局康养概念板块的公司共 43 家，且大部分公司的主营业务并不是康养产业。整个康养产业也尚未出现市场占有率较高的龙头企业，整个康养产业的发展整合空间巨大。以上 43 家企业中，有 34 家上市公司有康养板块财务数据。从 34 家企业的区域分布看，总部位于北京、上海的各有 4 家，位于深圳的有 3 家，位于天津的有 1家，位于山东省、浙江省、江苏省的各有 3 家，位于江苏省、湖北省的各有 2 家，位于黑龙江省、安徽省、湖南省、福建省、广东省、河北省、辽宁省、海南省、四川省的各有 1 家。

综上所述，目前我国上市公司中涉及康养业务的仅有 43 家公司，且其主营业务也并非康养产业。应创造条件，为主营业务为康养业务的公司提供更多的上市交易的机会，不断拓宽康养企业的直接融资渠道。通过充分发挥资本市场的资金筹集作用，助力康养企业不断扩大经营规模。

8.7　加大商业银行的信贷支持力度

作为我国传统的融资渠道，商业银行信贷提供的资金规模较大、融资便利程度较高，在一定程度上导致部分康养企业过度依赖商业银行信贷，商业银行信贷也逐渐成为康养项目主要的资金来源渠道。但整体上看，目前我国商业银行信贷对于康养产业的支持力度有待进一步加强。以养老企业为例，目前我国的养老产业信用评价体系建设还不够成熟，导致商业银行等相关金融机构无法对其投资行为进行可靠的风险评估，加之养老企业往往缺乏有效的担保和抵押，资本进入风险加大，造成养老企业融资困难（刘佳琪，2019）。

加大商业银行信贷对于康养产业的支持力度，商业银行可以针对不同类型的康养项目制定不同的贷款政策，比如"康养田园贷""康养医疗贷""康养文旅贷"等有针对性的贷款，并给予相应的优惠，鼓励康养产业的发展（程丹，2020）；对于中小型康养项目，银行可以比照小微企业的标准，在贷款利率方面给予一定优惠；针对养老企业缺乏有效担保和抵押的问题，商业银行可以结合康养企业的实际情况，在有效控制风险的前提下，适当拓宽商业银行信贷担保品和抵押品的范围。

近年来，世界银行和亚洲开发银行等国际金融机构积极扶持养老项目，主要支持养老基础设施示范项目和养老体系建设。国内目前落地的项目包括 2014 年安徽省获得世界银行贷款 1.4 亿美元，用于安徽省养老服务体系建设；2016 年亚洲开发银行为湖北省宜昌市社会化养老综合服务示范项目提供 1.5 亿美元贷款；等等。我国应与世界银行和亚洲开发银行等国际金融机构保持紧密联系，积极争取国际金融机构对于我国康养产业发展的资金支持。

8.8　创新和丰富投融资工具

整体上来看，目前我国康养产业投融资渠道都比较局限，获取的融资渠道都是比较传统的，如政府基金、银行贷款、社会企业投资等（程丹和罗天勇，2020）。适应康养产业快速发展的需要，越来越多的康养项目将出现在康养产业的大市场里，仅仅依靠传统的投融资渠道已经满足不了康养产业发展的资金需求。目前市场上对于与智能相关的康养服务需求较大、增长迅速，对于这部分康养服务应创新投融资渠道，不断提高资金支持力度。可以充分利用互联网技术，打造一个创新的投融资金融服务平台，利用互联网的创新平台建设新型可持续发展的投资平台（丁文珺，2020）；创新投资策略，开展团队筛选、项目筛选以及市场筛选，明确项目市场定位，以定位来选择投融资工具。

在创新和丰富康养产业投融资工具的过程中，要建立健全风险分担和补偿机制。康养产业投资回收期较长，这导致投资风险较大。为了应对投资风险，吸引更多的投融资，需要建立健全康养产业投资的风险分担和补偿机制。建议康养企业与保险公司加强合作，并且在投融资资金中提取一部分资金作为风险基金，确保在面临损失或资金断裂时有富余的资金能够确保企业实现持续运营，同时保证投资者的利益不受损害。

针对我国康养产业集中度较低，缺乏产业龙头企业的现状，应鼓励规模较大的康养企业通过股权并购实现规模扩大，培育形成占据产业龙头地位的大型康养企业集团，这就需要优化康养产业发展环境，鼓励康养产业金融产品创新，为金融工具创新提供良好的政策环境，使金融工具最大限度地发挥对康养产业的推动作用，通过创新和丰富康养产业投融资工具推动康养产业的发展。建议积极探索资产支持证券（ABS）、股权质押等新型融资模式在康养产业的应用，大力推动康养专项债券、康养产业投资引导基金、养老信托计划、养老设施租赁等服务平台建设；引入风险投资、创业基金和康养专项产业发展扶持基金等。

第9章 优化我国康养产业投融资机制的保障政策

发达国家的康养产业发展经验表明，康养产业的发展具有高度的政策依赖性。康养政策是国家及地方政府部门为了改善康养环境、发展康养产业、提升养老服务而出台的与健康、养生、养老等相关的政策法规和发展规划。康养政策可以反映一个国家或一个地区对于康养产业发展的重视程度、康养产业发展布局以及康养规划进程等。良好的政策环境有利于当地政府部门重视康养环境优化、资源保护和设施完善，对于康养产业发展发挥着方向引领的作用（何莽，2019）。政策保障和引导是康养产业发展的外部驱动力。各级政府为大力发展康养产业，适当地为康养企业提供相应的土地、税费、财政等方面的优惠政策，出台关于康养服务的支持性和引导性政策，有利于推动康养产业实现更快速的、更可持续的发展。我国康养产业的发展还停留在探索期，资本投入与产业发展的积极性在很大程度上还受到法律法规和政策制度的影响。康养政策的可操作性要求政府健全康养产业发展的资本、人才、土地等多领域的制度保障（何莽，2021）。因此，为保证我国康养产业投融资机制的顺利推进和实施，应加快构建并实施康养产业投融资机制的保障政策体系，包括财政补偿政策、税收优惠政策、金融支持政策、土地供给政策、人才保障政策等。

9.1　财政补偿政策

2021 年 12 月国务院《"十四五"国家老龄事业发展和养老服务体系规划》提出，继续加大中央预算内投资支持力度，民政部本级和地方各级政府用于社会福利事业的彩票公益金要加大倾斜力度，自 2022 年起将不低于 55% 的资金用于支持发展养老服务。落实养老服务机构用电、用水、用气、用热享受居民价格政策。

保障性康养产品的公益性和准公益性特征决定了其必然存在着供不应求的特征，如果政府不加以干预，将严重影响保障性康养产品的正常提供。这就需要各级政府不断完善财政对康养产业的资金补贴机制，加大财政资金引导作用，对具有发展前景的康养基地运营、康养重大建设项目等以财政补贴的方式给予资金扶持。要特别对于养老产业完善财政补贴支持政策。各级政府要按照国家相关政策要求，将民政部本级彩票公益金，以及地方各级政府用于社会福利事业的彩票公益金的 55% 以上的资金用于支持发展养老产业。将推动养老服务发展所需的资金纳入当地政府的年度财政预算中，为保障性养老服务业提供充足的财政资金保障。加大政府对于公办养老机构新建和维修改造的财政资金投入，利用政府专项债券支持公办养老服务设施建设项目。对于民办养老机构建设给予一次性建设补贴。加大对于基础养老产业项目的财政支持力度，对于养老产业项目贷款给予风险补偿、财政贴息等支持政策。

政府应创新资金保障机制，加大财政资金投入力度，采取政策性资金与多种投融资渠道相结合的投融资模式。为专门投资于保障性康养服务业的基金增开绿色通道，加快审批流程，放宽产业引导基金存续期限等，对于保障性康养服务设施、保障性智慧养老机构、长期护理保险个人负担费用等进行财政补贴。在保障性康养产业中增加政府购买社会服务方式的应用。对于社会资本通过公办民营、民办公助等方式开办非营利性康养服务机构的，要给予更大力度的财政补贴支持。各级政府设立康养产业专项资金，用于康养人才培育、康养基础设施建设和康养品牌建设等方面的工作。加大财政资金对于康养产业的投入倾斜力度，通过加大对于康养产业的财政贷款贴息规模，整合财政资金，集中财政力量打造重点康养项目。

9.2 税收优惠政策

2013 年开始，为支持康养产业发展，国家层面陆续出台了一系列专门针对康养产业的税收优惠政策，具体见表 9 – 1。

表 9 – 1　　2013 年以来我国国家层面出台的康养产业税收优惠的主要政策

序号	颁文机构	时间	文件名称	涉及康养产业税收优惠的内容
1	国务院	2013 年 9 月	《关于加快发展养老服务业的若干意见》	对养老机构提供的养护服务免征营业税，对非营利性养老机构自用房产、土地免征房产税、城镇土地使用税，对符合条件的非营利性养老机构按规定免征企业所得税
2	国土资源部	2014 年 4 月	《养老服务设施用地指导意见》	对民办福利性、对非营利性养老机构自用的房产、土地免征房产税、城镇土地使用税，对经批准设立的民办养老院内专门为老年人提供生活照顾服务场所免征耕地占用税
3	民政部、国土资源部等部门	2014 年 5 月	《关于推进城镇养老服务设施建设工作的通知》	城镇养老服务设施建设过程中发生的规费按照有关政策给予减免。城镇养老服务设施用电、用水、用气、用热按居民生活类价格执行
4	国家发展改革委、民政部等部门	2014 年 9 月	《关于加快推进健康与养老服务工程建设的通知》	对非营利性医疗、养老机构建设要免予征收有关行政事业性收费，对营利性医疗、养老机构建设要减半征收有关行政事业性收费，对养老机构提供养老服务要适当减免行政事业性收费

续表

序号	颁文机构	时间	文件名称	涉及康养产业税收优惠的内容
5	民政部、国家发改委、教育部等部门	2015 年 2 月	《关于鼓励民间资本参与养老服务业发展的实施意见》	对民办养老机构提供的育养服务免征营业税，对养老机构在资产重组过程中涉及的不动产、土地使用权转让，不征收增值税和营业税。对符合条件的小型微利养老服务企业，按照相关规定给予增值税、营业税、所得税优惠
6	民政部、国家发改委、教育部、财政部等十一部门	2016 年 10 月	《关于支持整合改造闲置社会资源发展养老服务的通知》	凡通过整合改造闲置社会资源建成的养老服务设施，符合相关政策条件的，均可依照有关规定享受养老服务建设补贴、运营补贴等资金支持和税费减免、水电气热费用优惠等政策扶持
7	国务院办公厅	2016 年 12 月	《关于全面放开养老服务市场提升养老服务质量的若干意见》	各级政府要加大投入，支持养老服务设施建设，切实落实养老机构相关税费优惠政策，落实彩票公益金支持养老服务体系建设政策要求。鼓励各地向符合条件的各类养老机构购买服务
8	国务院办公厅	2019 年 4 月	《关于推进养老服务发展的意见》	聚焦减税降费，养老服务机构符合现行政策规定条件的，可享受小微企业等财税优惠政策。对在社区提供日间照料、康复护理、助餐助行等服务的养老服务机构给予税费减免扶持政策
9	财政部、税务总局、国家发展改革委等六部委	2019 年 6 月	《关于养老、托育、家政等社区家庭服务业税费优惠政策的公告》	对为社区提供养老等服务的机构取得的收入，免征增值税；为社区提供养老等服务取得的收入，在计算应纳税所得额时，减按90%计入收入总额；承受房屋、土地用于提供社区养老等服务的，免征契税；为社区提供养老等服务的机构自有或其通过承租、无偿使用等方式取得并用于提供社区养老服务的房产、土地，免征房产税、城镇土地使用税

　　为鼓励社会资本投资康养产业，对于企事业单位、社会团体和个人等社会力量，通过非营利性的社会团体和政府部门向福利性、非营利性的老年服务机构的捐赠，在缴纳企业所得税和个人所得税时准予全额扣除。对于合伙制康养产业基金，可延长其可弥补亏损的结转年限，比照创投基金的70%抵扣法给予税收优惠。对于研发康养高精尖技术的企业

经认定为技术先进型服务企业的，减按 15% 的税率对其征收企业所得税。对于康养企业适当放宽小型微利企业的认定标准，经认定后享受小型微利企业的税收优惠政策。对于从事康养服务的企业和个体经营户，在征收企业所得税时适用"两免三减半"的优惠政策。对康养企业的城建税、教育费附加、地方教育附加费、文化事业建设费等相关税费予以免征或部分征收。2022 年 11 月，财政部和税务总局印发《财政部关于个人养老金有关个人所得税政策的公告》，规定从 2022 年 1 月 1 日起，对个人养老金实施递延纳税优惠政策，每年享受 1.2 万元的免税限额。

在以上国家政策的支持下，不少省政府以国家政策为依据专门出台了针对康养产业的税收优惠政策。以四川省为例，2020 年 9 月，四川省人民政府办公厅印发了《四川省创建全国医养结合示范省实施方案》，对医养结合机构落实税费优惠政策。具体地，对医养结合机构实行一定程度的行政事业性费用减免政策，实行水费、电费、气费、热费享受居民价格的优惠政策。对于其中符合小微企业认定标准的，可以在税收方面享受小微企业所得税优惠政策。落实对于康养产业的减税降费支持政策，对于符合小微企业认定标准的养老服务机构，可以在税收方面享受小微企业所得税优惠政策，包括免征增值税，实施普惠性所得税减免政策，按照税额的 50% 减征资源税、城市维护建设税、房产税、城镇土地使用税、印花税、耕地占用税和教育费附加、地方教育附加，免征印花税。对于在养老产业领域积极试点和推广以房养老的模式的，在住房反向抵押贷款和保险的初期，对申请人和经营机构给予一定的税收优惠，在一定程度上减免个人所得税，免除入保房屋产权证更名税费和或有房产税，等等。

通过以上分析可以看出，2013 年以来，支持康养产业发展的税收优惠政策经历了不断完善的过程。但整体上看，目前我国康养产业的税收优惠政策还存在着系统性不强、优惠力度不够、落实难度较大等问题，这些问题的存在不利于调动社会资本投资康养产业的积极性，在一定程度上影响了康养产业的发展。以 2022 年 11 月财政部和税务总局印发的

《财政部关于个人养老金有关个人所得税政策的公告》为例，对于中高收入人群，由于每年只能享受到 1.2 万元的免税限额，这项政策的吸引力不大；而对于年收入低于 6 万元的中低收入人群，由于个人收入额未达到抵扣门槛，政策的吸引力更小。因此，整体上该项政策的受惠面较小，发挥的激励作用有限。优化和完善专门针对康养服务业的税费优惠政策：一是中央政府层面要进一步加强顶层设计，不断提高康养产业税收优惠政策的系统性和全面性；二是省级政府要进一步细化康养产业的税收优惠政策，提高政策的可操作性。要按规定对从事康养的企业和个体经营户落实税收优惠相关政策，使得康养产业的税收优惠政策能够落到实处。使得从事康养的企业和个体经营户能够充分享受到国家的税收优惠政策，特别要加大对农村地区养老企业和机构的支持力度，清理和取缔对于康养企业和康养机构的不合法行政收费项目，纠正价格歧视性行为，等等。

9.3　金融支持政策

康养项目往往具有投资周期长、投入资金规模大等特点，因此对于康养产业进行金融政策的支持非常重要。

2021 年 12 月，国务院《"十四五"国家老龄事业发展和养老服务体系规划》提出，强化"十四五"期间对于国家老龄事业发展和养老服务的金融保障。拓宽金融支持养老服务的渠道。鼓励金融机构提供差异化的信贷支持，鼓励以应收账款、动产、知识产权、股权等抵质押贷款满足养老服务机构多样化的融资需求。在依法合规、风险可控的前提下，审慎有序地探索在养老服务领域开展资产证券化，支持保险资金加大对于养老服务业的投资力度。

加强对于康养产业的金融支持，需要强化政府、金融机构以及企业之间的"政银企"合作，进一步明确康养产业发展中政府、金融机构、企业等不同主体各自的定位与职责范围。2022 年 10 月，党的二十大报告进一步明确了"发展养老事业和养老产业"的紧迫性，明确了政府作为公共责任承担者，重点要做好政策引导、兜底保障以及市场监管等方面的工作，以推动养老事业的发展；市场参与者依托产业政策，灵活运用市场手段和市场工具，提供多样化的养老服务和养老产品，以推动养老产业持续健康发展。以上政策规定为康养产业发展中如何加强"政银企"合作提供了根本遵循和指导。要引导各类金融机构加大对于康养产业的融资力度，积极为康养企业和康养项目推出具有创新性与针对性的金融产品和金融服务。对于保障性康养服务业，要加大政策性金融的融资力度，在投融资方面给予更多资金支持。引导各类担保机构支持康养产业发展，为康养项目提供融资性担保服务。

加强对于康养产业的金融支持，需要不断拓宽康养企业的融资渠道。积极利用资本市场的融资功能，大力支持符合条件的以康养服务为主营业务的公司通过上市实现直接融资。加强与国际金融组织等的联系与交流，丰富康养产业利用外资的渠道与方式，不断拓宽我国康养企业的资金来源。

加强对于康养产业的金融支持，需要创新针对康养产业的金融工具。康养企业要不断构建和完善自身的内部控制机制，不断提高财务透明度，不断提升企业治理水平，提高融资的可获得性。商业银行要加强对康养企业的信贷支持，根据不同康养企业的金融服务需求，提供兼具普惠性和市场性的信贷产品和综合服务方案。运用债券融资、股权融资、私募支持基金、提供授信业务等金融工具，开发和推广适应康养产业发展需要的信贷产品，支持康养企业以资产、权益抵押和经营权、股权质押贷款的方式进行融资，有效化解银行间市场流动性宽裕与康养企业融资难、融资贵的结构性问题。支持中小康养企业以区域或行业为纽带实现"抱团"融资，减轻企业的流动性短缺状况。创新金融服务，运用大数据、区块链等新技术，将企业、银行以及保险、税务、海关等纳入同一平台，实现数据共享、信息交互，有助于金融更好地介入贸易的各个环节，实现对货物流、资金流的有效把控，并有助于银行为贸易上下游提供供应链贸易融资。同时，支持开展应收账款融资、结构性贸易融资等融资服务的创新，提供覆盖企业采购、生产、销售等各个产业链条的信用担保、保值避险、财务管理、顾问咨询等多种服务。支持并购扩增，通过横向并购和纵向并购，不断提高康养企业的经营规模和核心竞争力，促进金融资源与康养产业的深度融合。

9.4　土地供给政策

在康养产业土地供给方面，我国出台了一系列土地政策。2012 年 7 月，民政部下发《关于鼓励和引导民间资本进入养老服务领域的指导意见》，该文件规定，对于符合条件的民间资本举办养老机构或服务设施的，其经营所需的土地可以按照土地划拨目录依法划拨；2014 年 4 月，为保障养老服务设施的用地供应，规范养老服务设施用地的开发利用管理，大力支持养老服务业的发展，国土资源部印发了《养老服务设施用地指导意见》，规定专门为老年人提供生活照料、康复护理、托管等服务的房屋和场地设施占用土地，可确定为养老服务设施用地，其供应纳入国有建设用地供应计划；2018 年 1 月，《中共中央　国务院关于实施乡村振兴战略的意见》提出，预留部分规划建设用地指标用于单独选址的农业设施和休闲旅游设施等建设；2018 年 9 月，中共中央、国务院印发《乡村振兴战略规划（2018—2022 年）》，提出对于集中连片开展生态修复达到一定规模的经营主体，在符合土地利用总体规划及相关规定的前提下，利用 1% ~ 3% 的治理土地用于发展康养、旅游等产业开发；2019 年 2 月，国家发展改革委、民政部、国家卫生健康委联合印发文件规定，城市政府通过提供土地、规划、融资、财税、医养结合、人才等全方位的政策支持包，企业提供普惠性养老服务包，向社会公开，接受社会监督；2019 年 4 月，国务院办公厅印发《关于推进养老服务发展的意见》，要求将养老用地纳入土地利用总体规划、城乡规划和年度用地计划，有效适度扩大用地供给；2019 年 11 月，自然资源部印发《关于加强规划和用地保障支持养老服务发展的指导意见》，统筹落实养老服务设施规划用地，合理确定养老服务设施用地供应价格；2020 年 1 月，中央一号文件《中共中央　国务院关于抓好"三农"领域重点工作确保如期实现全面小康的意见》从土地供给端为康养产业进一步扩充土地资源。

以上国家层面政策的推出为解决康养产业发展中的用地难题提供了遵循和指导，有利于缓解康养产业，特别是乡村康养产业用地的供需矛盾。为进一步保障康养产业发展的土地供给，特提出以下建议。

第一，建议在康养产业发展中实施"点状用地"土地政策。2019 年 4 月，四川省委省政府明确提出，对发展乡村旅游、休闲农业等确需使用建设用地的，探索实施点状供地，并明确规定"点状用地"政策适用范围包括农村健康养老建设项目；2019 年 7 月，四川省自然资源厅提出，为了助推乡村振兴，可以在四川农村实施"点状用地"的土地政策，指出点状用地的实施范围涵盖农村基础设施和公共服务设施，休闲农业、乡村旅游和健康养老，农产品生产加工（流通）和手工作坊，以及符合相关规定的农村新产业新业态的建设项目。点状用地一般仅适用于容积率低、层数以低层为主的开发建设项目。四川省农村点状用地的项目主要包括康养产业、乡村旅游、乡村公共服务以及乡村智慧信息等新产业、新业态。目前，对于"点状用地"土地政策应用比较多的省份主要包括浙江省、广东省、江苏省、海南省、重庆市等。已经在康养产业实施"点状用地"土地政策的各个省份，可以开展相关的经验总结，探索出一条具有推广价值的"点状用地"土地供给政策。

第二，建议在康养产业中实施"新型产业用地"土地政策。新型产业用地是指融合了研发、创意、设计、中试、无污染生产等新型产业功能以及相关配套服务的用地。新型产业用地是城市用地分类"工业用地（M）"大类下新增的用地类型，是为适应传统工业向高新技术、协同生产空间、组合生产空间及总部经济、2.5 产业等转型升级需要而提出的创新型城市用地分类。2014 年 1 月，深圳市通过推出《深圳市城市规划标准与准则》（2013 版）新增"新型产业用地（M0）"门类；2018 年 9 月，东莞市推出《东莞市新型产业用地（M0）管理暂行办法》；2018 年 12 月，郑州市推出《郑州市关于高新技术产业开发区新型产业用地试点的实施意见》；2019 年 3 月，济南市推出《济南市关于支持新型产业发展用地的意见（暂行)》；2019 年 3 月，佛山市顺德区推出村级工业园升级改造新型产业及综合型产业用地管理暂行办法，广州市推出《广州市提高工业用地利用效率实施办法》。建议将康养产业用地纳入新型产业用地，在政策上适用于相关的新型产业用地政策。

另外，为有效缓解我国康养产业用地问题，应将各类养老与健康服务设施建设用地纳入城镇土地利用总体规划和年度用地计划，在年度用地计划中优先安排保障康养项目建设用地。2020 年 1 月新修订的《土地管理法》规定允许集体经营性建设用地入市，这为进一步盘活农村集体闲置资产，以及以村集体建设用地开发乡村旅游等康养项目扫除了政策障碍。建议省级政府对于《促进健康产业高质量发展行动纲要（2019—2022 年)》《土地管理法》等文件进行细化和落实，提出具体的缓解康养产业用地方面的专门的政策规定，为康养产业发展提供土地保障。一是盘活存量用地。充分发挥土地利用总体规划的管控作用，合理安排康养项目建设用地的规模。国土部门对于境内的所有用地情况进行摸底调查，了解闲置、低效用地的规模与具体位置，政府可以先收回土地再通过拍卖的方式优先出售给康养企业。对于因政策原因导致土地批而未供的，可以按照相关要求及时调整土地用途加以盘活。鼓励对闲置农房等进行充分整合，通过适当修缮、建设后作为康养民宿等康养项目的经营土地使用。二是合理新增土地。通过积极支持进行建设用地复垦，以及对废弃的园地、荒滩、林地整理用于发展康养产业，尽量减少对于耕地的占用。如果确需占用农民土地的，要充分考虑到对于农户权益的保护，鼓励农民采取转包、转让、出租、互换、入股等方式来经营其土地承包经营权，进行土地流转。考虑到康养项目建设需要在农用地中建设景区公共服务设施等附属设施的需要，应加快出台相应的政策措施在避免占用耕地的同时满足康养项目的土地需求。三是加强集约用地，保障康养项目建设用地需要。对于非营利性康养项目，可以参照《划拨用地目录》，通过土地划拨的方式予以支持；对于营利性康养项目则可以依据相关政策规定在一定条件下优先满足土地需求；对于拟建项目库中的项目建设需要用地的，在启动前应提前与国土资源部门进行衔接，做好项目建设用地保障；对于康养工业、旅游等康养项目因特殊原因急需开工的工程，可申请先行用地，重大项目可以申请享受审批绿色通道。

9.5　人才保障政策

人才是产业发展的重要支撑和推动力量，党的二十大报告提出"人才是第一资源"并进而提出要"深入实施人才强国战略"。作为战略性新兴服务产业，康养人才的培育对于产业发展意义重大。康养产业人才的种类很多，包括生活服务人才、医疗护理人才、生活照顾人才、机构管理人才、教育培训人才等。对于康养产业而言，康养人才的综合素质对产业发展具有深刻影响。近年来，与康养产业快速发展的现状不相适应的是，目前我国康养专业人才相对匮乏，还远未达到国际康养从业人员和技术人员的标准和要求，人才短缺成为我国康养产业发展的主要"瓶颈"之一。"十三五"期间，我国每年年均新增养老护理员的需求达38万人，政府需要承担的养老护理员培训补贴年均达4.2亿元。2021—2030年，我国每年年均新增的养老护理员需求达50万人，政府需要承担的养老护理员培训补贴年均达6.8亿元（许江萍和张东志，2015）。此外，2015—2030年，因均摊解决现存的615万养老护理员缺口，我国每年还将增加近4.8亿元的培训补贴需求。到2030年，我国对于养老护理员的需求将达到1435万人，康养产业将成为提供就业岗位的重要市场之一（许江萍和张东志，2015）。因此，加快康养产业人才保障政策的推出，确保康养产业发展的人才供给，对于康养产业持续健康发展具有非常重

大的现实意义。从 2010 年开始，我国就从国家层面对养老产业人才培育
提供资金方面的支持。自 2010 年起，民政部就从福利彩票公益金中拨出
专款，专门用于养老护理员的培训。从 2010 年的 1500 万元，到 2011 年
的 2000 万元，再到 2012 年的 3000 万元，呈现出逐年递增的发展势头。
到 2030 年，每年将会从福利彩票公益金中拨出 1000 万元用于养老服务人
员的培训。到 2030 年末，民政部从福利彩票公益金中拨出用于养老服务
人员培训的资金总量将达到 2.45 亿元（许江萍和张东志，2015）。

　　从发达国家的发展经验看，都非常重视康养人才保障政策的建立与
完善。以日本为例，为了促进康养产业的发展，国家层面采取措施通过
打造教育产业，为从业人员提供教育和培训支持（何莽，2020）。日本颁
布了《福利人才确保法》，从法律上给予相关养老服务人才应有的经济和
社会地位。借鉴发达国家的发展经验，为满足康养产业发展对人才的需
求，自 2013 年以来，我国陆续出台了一系列康养产业人才保障政策。
2013 年 9 月，《国务院关于加快发展养老服务业的若干意见》出台，明确
了三项主要的康养产业人才措施：一是积极鼓励高等院校和中等职业学
校增设养老服务相关专业，扩大人才培育规模，加快培养老年医学、护
理、康复、营养、心理、社会工作等方面的专门人才。目前北京林业大
学已经开设了林业康养专业。二是开展康养方面的继续教育和远程学历
教育，建立养老服务实训基地，加强对于老年护理人员的专业培训。三
是对养老护理人员给予相关补贴，提高养老护理人员和专业技术人员的
待遇，鼓励大专院校对口专业毕业生从事养老服务工作。在康养人才培
养方面，2017 年 7 月，国务院办公厅印发了《关于深化医教协同进一步
推进医学教育改革与发展的意见》，提出要通过推进医教协同，加强医学
人才培养，满足"健康中国"建设对于医学人才的需求。

　　以上政策的制定与实施，在一定程度上缓解了我国康养人才的供需
矛盾。但是相对于不断增长的康养人才需求，相关的人才支持政策还有
待于进一步强化。我国应在以上政策的基础上，采取积极措施，进一步
优化康养人才支持政策，努力扭转康养人才短缺的现状。一是对现有康

养人才提供财政补贴，不断提高康养职业的社会吸引力。可以通过政府财政设立养老护理岗位奖励津贴，直接发放给养老护理员本人。高校和职业院校毕业生专职从事养老服务的可获得入职奖励，分若干年发放。二是加强职业培训，提高现有康养人才的综合素质。对于养老服务人才实行分类培训、分层培训和全员培训。积极引导和鼓励高校和职业院校开设康养相关的课程，包括老年医学、老年护理、老年社会工作、营养与保健等课程。建设国家级高技能康养人才培训基地，充分发挥国际康养学院等院校的人才培养平台的作用，紧跟康养产业发展需求培养康养专业人才。三是建立康养人才合作培养机制，共同建立康养人才专家库，共同推进康养产业实用型、创新型和复合型人才培养。四是在此基础上通过构建完善的人才管理机制和人才竞争机制，建立完善的奖惩制度，规范康养人才的市场竞争行为。五是采取措施积极引进国外康养高级专门人才，间接引进国外先进的康养管理技术和经营模式，通过加强康养产业国际合作培养具有国际视野的、掌握国际先进康养管理技术的高层次康养专业人才。

参 考 文 献

［1］卫生健康委.2021 年度国家老龄事业发展公报［EB/OL］.
（2022 - 10 - 26）［2023 - 03 - 01］.https：//www. gov. cn/fuwu/2022 - 10/
26/content_5721786. htm

［2］国家统计局.第七次人口普查数据公报［EB/OL］.（2021 - 05 -
11）［2023 - 03 - 01］.http：//www. stats. gov. cn/tjsj/tjgb/rkpcgb/qgrkpcgb/.

［3］海川.大健康产业未来图景［J］.新经济导刊，2018，2（1）：
24 - 28.

［4］何莽.中国康养产业发展报告（2021）［M］.北京：社会科学
文献出版社，2022：2，8 - 9，14 - 16，21 - 22，148 - 153.

［5］何莽.中国康养产业发展报告（2020）［M］.北京：社会科学
文献出版社，2021：2，4 - 5，12，49 - 50，64，123，151，157，199，
276 - 277.

［6］何莽.中国康养产业发展报告（2017）［M］.北京：社会科学
文献出版社，2018：6 - 7，14，41 - 42，86，89.

［7］何莽.中国康养产业发展报告（2019）［M］.北京：社会科学
文献出版社，2020：11 - 13，53，133，199 - 200，256，355 - 356.

［8］何莽.中国康养产业发展报告（2018）［M］.北京：社会科学
文献出版社，2019：2，9，99，122.

［9］王欣，邹统钎，耿建忠.中国康养旅游发展报告（2019）［M］.
北京：社会科学文献出版社，2020：2，21 - 22，69.

［10］梁云凤，胡一鸣.中国特色康养经济研究［M］.北京：经济管
理出版社，2019：25 - 41，84 - 88，105.

[11] 马涛. 经济思想史教程 [M]. 2 版. 上海：复旦大学出版社，2018：86，108，120 – 121，130，150，279 – 289，381 – 333.

[12] 李薇辉. 西方经济思想史概论 [M]. 上海：华东理工大学出版社，2005：65，313 – 315，350 – 353.

[13] 陈孟熙，郭建青. 经济学说史教程 [M]. 2 版. 北京：中国人民大学出版社，2003：84.

[14] 孙玉霞. 宏观经济学 [M]. 北京：社会科学文献出版社，2009：15，36 – 39，49 – 51.

[15] 曾康霖. 金融经济学 [M]. 成都：西南财经大学出版社，2002：50，56 – 57.

[16] 彼德·M. 杰克逊. 公共部门经济学前沿问题 [M]. 郭庆旺，刘立群，杨越，译. 北京：中国税务出版社，2000：118.

[17] 蒋洪. 公共经济学（财政学）[M]. 上海：上海财经大学出版社，2006：61 – 62，66 – 67，69 – 70，78.

[18] 张文春. 现代财政学之父：理查德·阿贝尔·马斯格雷夫 [J]. 公共经济评论，2008（2）：1 – 4.

[19] 陈英蓉. 我国新农村建设投融资长效机制研究 [M]. 成都：西南财经大学出版社，2013：16，20 – 21，68，109.

[20] 顾银宽，章铁生，王明虎. 上市公司财务问题 [M]. 北京：经济管理出版社，2004：16，20 – 21.

[21] [印度] 拉本德拉·贾. 现代公共经济学 [M]. 2 版. 杨志勇，译. 北京：清华大学出版社，2017：193 – 194.

[22] [美] 斯蒂芬·A. 罗斯，佐道夫·W. 威斯特菲尔德，杰弗利·F. 杰富. 公司理财（原书第 6 版）[M]. 吴世农，沈艺峰，王志强，等译. 北京：机械工业出版社，2003：292，300.

[23] 高正平. 中小企业融资新论 [M]. 北京：中国金融出版社，2004：66 – 67，73 – 74.

[24] 李雅诗，黄茜茜，刘步平. 我国基本养老保险能否提升老人幸

福感? ——来自 CGSS 的证据 [J]. 深圳社会科学, 2021, 4 (1): 152 - 159.

[25] 穆怀中, 范璐璐, 陈曦. 人口预期寿命延长、养老金保障风险与政策回应 [J]. 人口研究, 2021, 45 (1): 3 - 18.

[26] 杨立雄, 余舟. 养老服务产业: 概念界定与理论构建 [J]. 湖湘论坛, 2019, 32 (1): 21 - 38, 2.

[27] 徐程, 尹庆双, 刘国恩. 健康经济学研究新进展 [J]. 经济学动态, 2012 (9): 120 - 127.

[28] 周丹妮, 姚裕金. 从钢铁重工到阳光康养——民革助力攀枝花城市转型升级侧记 [J]. 团结, 2015 (4): 12 - 15.

[29] 李后强. 生态康养论 [M]. 成都: 四川人民出版社, 2015: 18 - 21, 41 - 42.

[30] 杨振之. 中国旅游发展笔谈——旅游与健康、养生 [J]. 旅游学刊, 2016, 31 (11): 1.

[31] 高妍蕊. 康养产业发展要加强体制机制和信用体系建设《中国城市养老指数蓝皮书2017》在京发布, 多部委专家聚焦中国老龄化及康养产业发展 [J]. 中国发展观察, 2017 (17): 41 - 42, 40.

[32] 高铭蔓. 攀枝花市产业转型与可持续发展研究 [D]. 成都: 西南交通大学, 2018.

[33] 房红, 张旭辉. 康养产业: 概念界定与理论构建 [J]. 四川轻化工大学学报 (社会科学版), 2020, 35 (4): 1 - 20.

[34] 李影. 森林康养是大健康产业最好的发展方向 [J]. 中国林业产业, 2017 (12): 108 - 109.

[35] 王冬萍, 崔春雨. 新疆康养旅游产品分类及其优化研究 [J]. 乌鲁木齐职业大学学报, 2018, 27 (2): 56 - 60.

[36] 王忠贵. 森林康养对人体健康促进作用浅析 [J]. 现代园艺, 2020, 43 (1): 106 - 109.

[37] 杨红英, 杨舒然. 融合与跨界: 康养旅游产业赋能模式研究

[J]. 思想战线, 2020, 46 (6): 158 – 168.

[38] 吴兴杰. 森林康养新业态的商业模式 [J]. 商业文化, 2015 (31): 9 – 25.

[39] 张霄. 康养产业: 全民关注的新兴产业 [J]. 当代县域经济, 2016 (12): 61 – 62.

[40] 吴耿安, 郑向敏. 我国康养旅游发展模式探讨 [J]. 现代养生, 2017 (6): 294 – 298.

[41] 张胜军. 国外森林康养业发展及启示 [J]. 中国林业产业, 2018 (5): 76 – 80.

[42] 周永. 康养产业融合的内在机理分析 [J]. 中国商论, 2018 (9): 160 – 161.

[43] 刘战豫, 孙夏令, 石佳. 康养为核心的三大产业融合发展——以焦作市为例 [J]. 中国集体经济, 2019 (7): 20 – 22.

[44] 石智雷, 杨雨萱, 蔡毅. 大健康视角下我国医养结合发展历程及未来选择 [J]. 人口与计划生育, 2016 (12): 30 – 32.

[45] 何彪, 谢灯明, 蔡江莹. 新业态视角下海南省康养旅游产业发展研究 [J]. 南海学刊, 2018, 4 (3): 82 – 89.

[46] 任宣羽. 康养旅游: 内涵解析与发展路径 [J]. 旅游学刊, 2016, 31 (11): 1 – 4.

[47] 赛萌萌. 全域旅游背景下康养旅游产业融合发展路径研究——以焦作市为例 [J]. 市场周刊, 2021, 34 (2): 61 – 63.

[48] 李献青, 张波, 彭波, 等. 四川体育与康养产业融合发展路径研究 [J]. 四川体育科学, 2020, 39 (3): 107 – 109.

[49] 陈巧. 我国休闲体育与康养产业融合的发展研究 [J]. 当代体育科技, 2017, 7 (17): 220 – 221.

[50] 王明明. 我国休闲体育与康养产业融合的发展策略 [J]. 中阿科技论坛 (中英阿文), 2020, 16 (6): 23 – 24.

[51] 徐新建, 秦德平. 健康中国背景下生态康养产业体育融合路径

研究 [J]. 龙岩学院学报，2020，38（5）：98－104.

[52] 姜雨欣，陈国庆，周爽. 我国会展业与康养产业融合发展研究 [J]. 商展经济，2020，19（11）：1－4.

[53] 唐亚林，张潇. 国家健康养老养生产业发展政策体系的历史演变及发展模式的转型研究 [J]. 广西财经学院学报，2019，32（3）：1－13.

[54] 宗锦耀. 康养产业引领农村一二三产业融合发展 [J]. 农业工程技术，2015，593（17）：26－30.

[55] 佘晓瑜. 乡村振兴战略背景下以康养产业为主导的村庄规划研究 [D]. 绵阳：西南科技大学，2020.

[56] 李文静，黎东生. 粤港澳大湾区中医药康养产业融合发展探讨 [J]. 卫生经济研究，2020，37（1）：22－24.

[57] 陈新颖，金玉双，彭杰伟. 广西民族文化与森林康养产业融合发展路径探讨 [J]. 大众科技，2019，21（11）：120－122.

[58] 戴金霞. 常州市康养旅游产品开发与产业发展对策研究 [D]. 南京：南京师范大学，2017.

[59] 祝向波. 攀枝花市康养旅游资源评价与开发研究 [D]. 成都：成都理工大学，2017.

[60] 张国薇. 攀枝花二滩欧方营地康养旅游资源评价与开发研究 [D]. 成都：成都理工大学，2018.

[61] 刘安乐，杨承玥，张雁，等. 六盘水市康养旅游资源调查与评价研究 [J]. 六盘水师范学院学报，2018，30（6）：18－23.

[62] 张宣，陶颖. 基于 AHP 法的洪雅县康养旅游资源评价研究 [J]. 乐山师范学院学报，2020，35（5）：71－76.

[63] 李东. 我国康养旅游评价研究综述 [J]. 攀枝花学院学报，2021，38（6）：37－43.

[64] 任青峰，谢辉钰，王红斌. 赤水市康养旅游生态资源评估 [J]. 绿色科技，2022，24（4）：148－151，155.

[65] 潘洋刘，刘宛秋，曾进，等．基于康养功能的森林资源评价指标体系研究 [J]．林业经济，2018，40（8）：53－57，107.

[66] 陈令君．贵州省森林康养资源现状及评价 [J]．城市学刊，2020，41（2）：75－79.

[67] 肖泽忱．森林康养评价指标体系构建研究 [J]．绿色科技，2021，23（24）：269－271，278.

[68] 张明洁，张亚杰，张京红，等．海南五指山市的气候特征及其康养资源分析 [J]．海南大学学报（自然科学版），2022，40（2）：168－174.

[69] 凌常荣，周曦．康养旅游发展与后发地区乡村振兴研究——以广西"东巴凤"地区为例 [J]．经济论坛，2018（3）：73－77.

[70] 韩福丽，鲁啸军，耿佳宝．黑龙江省民族地区乡村康养旅游发展研究 [J]．黑龙江民族丛刊，2019（5）：43－47.

[71] 陆献峰．德国乡村振兴与森林康养的启示 [J]．浙江林业，2018（9）：40－41.

[72] 杜昀倩，关沛琪．基于 SWOT 分析的珠海斗门乡村康养旅游发展策略研究 [J]．旅游纵览，2020（15）：12－14.

[73] 刘诗涵，王庆生．乡村振兴视域下天津市乡村旅游与康养产业创新融合探究 [J]．安徽农业科学，2020，48（12）：124－127，138.

[74] 李青辉，魏璐．森林康养助力乡村脱贫 [J]．现代园艺，2020，43（1）：198－199.

[75] 马颖杰．乡村振兴背景下我国乡村康养旅游发展对策研究——以湖北省蕲春县为例 [D]．杭州：浙江海洋大学，2020.

[76] 马姗姗．基层政府发展乡村康养旅游产业对策研究——以平度市云山镇为例 [D]．青岛：青岛大学，2020.

[77] 王中．国外乡村康养产业发展经验对我国的借鉴 [J]．经济师，2020（11）：19－21.

[78] 刘新，邓云芳．田园康养的精准脱贫——湖南省武陵山片区乡村旅游与康养产业的创新融合研究 [J]．黑龙江生态工程职业学院学报，2018，31 (2)：29 – 31.

[79] 江宇．基于 RMP 方法的雅安市乡村康养旅游发展研究 [D]．成都：四川农业大学，2018.

[80] 谢晓红，郭倩，吴玉鸣．我国区域性特色小镇康养旅游模式探究 [J]．生态经济，2018，34 (9)：150 – 154.

[81] 赵瑾．浅谈乡村康养产业模式的构建 [J]．广东蚕业，2020，54 (5)：131 – 132.

[82] 于英．乡村康养旅游创新发展研究 [J]．青岛职业技术学院学报，2021，34 (3)：75 – 77，86.

[83] 龙承春，张霞．健康中国战略下康养产业养老护理人才胜任力模型构建 [J]．四川轻化工大学学报（社会科学版），2021，36 (1)：10 – 20.

[84] 孙一，车莉莉，江海旭．供给侧改革推进森林康养产业化发展的创新路径 [J]．湖南社会科学，2021，203 (1)：72 – 79.

[85] 丁文珺，熊斌．积极老龄化视域下康养产业的理论内涵、供需困境及发展路径分析 [J]．卫生经济研究，2020，37 (10)：3 – 7.

[86] 陈力，陈华，周凌杉．资源型城市转型理解辨析与对策思考——以攀枝花"康养"特色产业为例 [J]．价值工程，2017，36 (35)：7 – 10.

[87] 赖启航．攀枝花康养旅游产业集群发展初探 [J]．攀枝花学院学报，2016，33 (6)：6 – 9.

[88] 赵萍．攀枝花阳光森林康养产业发展建议与对策 [J]．现代商贸工业，2017 (3)：40 – 42.

[89] 朱峻瑶．发挥农业资源优势　打造康养胜地 [J]．四川农业与农机，2017 (1)：48 – 49.

[90] 王佳怡．从供给侧角度浅谈四川攀枝花市康养产业的优化措施 [J]．中外企业家，2018 (10)：50 – 51.

［91］陈芳．供给侧改革视角下的攀枝花康养产业发展研究［J］．纳税，2018，12（33）：169 - 170.

［92］钟露红，王珂，阮银香．攀枝花"康养 +"产业融合发展研究［J］．现代商贸工业，2018，39（8）：8 - 9.

［93］雷鸣，钱卫，高升洪，张由月．攀枝花阳光康养产业发展模式研究［J］．攀枝花学院学报，2018，35（3）：6 - 11.

［94］卫之琪．阳城县北留镇康养产业发展对策研究［D］．晋中：山西农业大学，2019.

［95］王玉鹏．攀枝花市康养产业发展的现状、问题及对策研究［D］．昆明：云南大学，2019.

［96］张太慧．基于典型案例的康养产业发展路径构建研究［D］．成都：成都中医药大学，2019.

［97］袁璟．我国森林康养产业绿色发展制度构建［D］．北京：北京林业大学，2018.

［98］董永刚，周光南，江明，等．青茅境景区森林康养产业发展的问题与对策［J］．南方林业科学，2017，45（6）：58 - 61.

［99］金红莲，肖瑶．旅游与文化交融助力"康养"产业发展［J］．科技风，2019（36）：242，245.

［100］杨鹏程．农村康养信息平台研究［D］．武汉：华中师范大学，2020.

［101］刘瑶．湖南省医养产业发展策略研究［D］．长沙：湖南中医药大学，2017.

［102］卜从哲．河北省康养产业创新发展的环境分析及其路径选择［J］．中国乡镇企业会计，2018（8）：11 - 14.

［103］程臻宇．区域康养产业内涵、形成要素及发展模式［J］．山东社会科学，2018（12）：141 - 145.

［104］罗忠林．我国康养产业发展重点及投融资策略研究［J］．黑龙江金融，2018（6）：40 - 42.

［105］杨继瑞，赖昱含．中国西部康养产业发展论坛观点综述［J］．攀枝花学院学报，2018，35（1）：112 – 116．

［106］潘家华，李萌，吴大华，等．发展康养产业　坚守"两条底线"［J］．农村·农业·农民（B 版），2019（1）：52 – 53．

［107］姚瑶，崔宇杰，袁素维，付航，朱建征．上海市健康金融发展现状及对策分析［J］．中国卫生资源，2019，22（2）：94 – 98．

［108］蛋壳研究院．2020 年全球医疗健康产业资本报告［EB/OL］．（2022 – 07 – 11）［2023 – 03 – 08］．https：//www. xdyanbao. com/doc/tvm7atxsbl．

［109］亿欧智库．2020 年中国医疗产业投融资解读与展望［EB/OL］．（2020 – 10 – 14）［2023 – 03 – 08］．https：//stock. finance. sina. com. cn/stock/go. php/vReport_Show/kind/industry/rptid/655991983939/index. phtml．

［110］浦发硅谷银行．全球视野下的中国医疗健康资本市场［EB/OL］．（2022 – 07 – 21）［2023 – 03 – 08］．https：//www. xdyanbao. com/doc/3e861m1a6c．

［111］和君健康养老事业部．中国健康养老产业发展报告（2019 年）［EB/OL］．（2019 – 09 – 02）［2023 – 01 – 15］．http：//pc – shop. xiaoe – tech. com/app9u0Vf6186076/imgtext_details？id = i_5d6c86369e5b9_tLN28Q0y．

［112］杨文海，刘明海．教你打造成功的特色小镇［M］．南京：江苏凤凰科学技术出版社，2018：49 – 52，64 – 77．

［113］徐玉德．PPP 模式构建与运作实务［M］．北京：北京大学出版社，2018：1，5 – 7，13．

［114］程丹．贵州省森林康养产业发展的金融支持研究［D］．贵阳：贵州财经大学，2020．

［115］程丹，罗天勇．森林康养产业发展投融资思路探析［J］．财富生活，2020（6）：77 – 78．

［116］丁文珺．健康中国视域下康养产业发展对策研究［J］．老龄科学研究，2020，8（6）：11 – 22．

[117] 杜偲偲. 社区居家养老服务 PPP 的运行机制和融资结构 [J]. 攀枝花学院学报, 2023, 1 (40): 18 - 26.

[118] 柴晶霞. 乡村振兴战略下特色小镇建设研究 [M]. 延边: 延边大学出版社, 2019: 180 - 186.

[119] 刘佳琪. 中国养老产业融资问题研究 [D]. 长春: 吉林大学, 2019.

[120] 董克用, 姚余栋. 中国养老金融发展报告 (2017) [M]. 北京: 社会科学文献出版社, 2017: 258 - 271.

[121] 中投产业研究院. 2019—2023 年医疗与 IT 行业政府引导基金 [EB/OL]. (2019 - 11 - 01) (2023 - 01 - 20). https://www. docin. com/p - 2272161770. html.

[122] 孙博. 老龄化时代需要大养老金融思维 [J]. 中国社会保障, 2016 (5): 37 - 38.

[123] 蔺锁柱. 我国康养产业发展重点及投融资策略研究 [J]. 文化产业, 2020 (23): 109 - 111.

[124] 刘相芳. 区块链技术在康养产业投融资中的应用研究 [D]. 长春: 吉林建筑大学, 2021.

[125] 潘慧, 余宇新. 发达国家发展养老养生产业经验及其启示 [J]. 改革与战略, 2019 (2): 107 - 115.

[126] 李惠莹, 谢晓红, 于丽丽, 等. 中国康养产业商业模式与发展战略 [M]. 北京: 经济管理出版社, 2019: 42 - 55.

[127] 许江萍, 张东志. 中国养老产业投资潜力与政策研究 [M]. 北京: 经济日报出版社, 2015: 28, 74, 129.

[128] Berger A N., Udell G F. The Economics of Small Business Finance: The Role of Private Equity and Debt Markets in the Financial Growth Cycle [J]. *Journal of Banking and Finance*, 1998, 22 (6): 187 - 243.

[129] Paul Z Pilzer. *The Wellness evolution: How to Make a Fortune in the Next Trillion Dollar Industry* [M]. 2nd Ed. New Jersey: John Wiley & Sons, Inc., 2007.

[130] *The Silver and White Economy*: *The Chinese Demographic Challenge* [*EB/OL*]. http://www. oecd. org/employment/leed/OECD – China – report – Final. pdf.

[131] Marek Radvanský, Viliam Páleník. *"Silver Economy" as Possible Export Direction at Ageing Europe – Case of Slovakia* [C]//Eco Mod, 2011: 3280.

[132] Enste P, Naegele G, Leve V. *The Discovery and Development of the Silver Market in Germany* [M]//Kohlbacher & C Herstatt (eds.). the Silver Market Phenomenon. Berlin Heidelberg: Springer – Verlag, 2008: 325 – 339.

[133] Moody H R Sasser J R. *Aging*: *Concepts and Controversies* [M]. 7th ed. Thousand Oaks, CA: Sage, 2012: 464.

[134] Weitao Xu, Heding Shen, Liqiang Zhang, Laicheng Yang, An Mao, Yifu Yuan. Study on the New Pathway of Ecological Poverty Alleviation an Forest Health Industry Integrated Development [J]. *American Journal of Environmental Science and Engineering*, 2020, 4 (4): 70 – 74.

[135] Miaomiao Li, Li Miaomiao, An Yonggang, Huo Pengfei, Zhang Lisheng. Research on the Integrated Development of Ice and Snow Industry and Health Industry—Take Genhe City and Tieli City as examples [J]. *Journal of Physics*: *Conference Series*, 2020, 1673 (1): 1 – 5.

[136] Xiang Ma, Kun Ding, Joseph Z Shyu. A Comparative Policy Analysis in the E – Health Industry Between China and the USA [J]. *International Journal of E – Health and Medical Communications* (IJEHMC), 2020, 11 (4): 34 – 49.

[137] Sopha, Jittithavorn, Lee. Cooperation in health and wellness tourism connectivity between Thailand and Malaysia [J]. *International Journal of Tourism Sciences*, 2019, 19 (4): 248 – 257.

[138] Connell J M. Medical tourism: Sea, sun, sand and surgery [J]. *Tourism Management*, 2006, 27 (6): 1093 – 1100.

[139] Upadhyaya S. Prospects in Medical and Wellness Tourism – India [J]. *Journal of Tourism: A Contemporary Perspective*, 2014, 1 (1): 18 – 24.

[140] Kosic K, Pivac T, Romelic J, et al. Characteristics of Thermal-mineral Waters in Backa Region (Vojvodina) and Their Exploitation in Spa Tourism [J]. *Renewable & Sustainable Energy Reviews*, 2011, 15 (1): 801 – 807.

[141] Turner, Leigh. First World Health Care at Third World Prices': Globalization, Bioethics and Medical Tourism [J]. *Bio Societies*, 2007, 2 (3): 303 – 325.

[142] Shenfield F, De Mouzon J, Pennings G, et al. Cross border reproductive care in six European countries [J]. *Human Reproduction*, 2010, 25 (6): 1361 – 1368.

[143] Whittaker A, Speier A. "Cycling overseas": care, commodification, and stratification in cross-border reproductive travel [J]. *Med Anthropol*, 2010, 29 (4): 363 – 383.

[144] Mueller H, Kaufmann E L. Wellness tourism: Market analysis of a special health tourism segment and implications for the hotel industry [J]. *Journal of Vacation Marketing*, 2001, 7 (1): 5 – 17.

[145] Prajitmutita L M, Perényi Á, Prentice C. Quality, Value? – Insights into Medical Tourists' Attitudes and Behaviors [J]. *Journal of Retailing and Consumer Services*, 2016 (31): 207 – 216.

[146] Jakovljević M. Population ageing alongside health care spending growth [J]. *Serbian Archives for the Whole Medicine*, 2017, 145 (9 – 10): 534 – 539.

［147］ Birrer R B, Tokuda Y. Medicalization: A historical perspective ［J］. *Journal of General and Family Medicine*, 2017, 18 (2): 48 – 51.

［148］ Koskinen Veera, Minna Ylilahti, Terhi – Anna Wilska. "Healthy to heaven" — Middle-agers looking ahead in the context of wellness consumption ［J］. *Journal of Aging Studies*, 2017 (40): 36 – 43.

［149］ Bíró A, Elek P. How does retirement affect healthcare expenditures? Evidence from a change in the retirement age ［J］. *Health Economics*, 2018, 27 (5): 803 – 818.

［150］ Giezendanner S, Bretschneider W, Fischer R, Hernandez L D, Zeller A. The ecology of medical care in Switzerland: prevalence of illness in the community and healthcare utilisation in Switzerland ［J］. *Swiss Medical Weekly*, 2020, 150 (1920): w20221.

［151］ Dunn H L. High – level wellness for man and society ［J］. *American Journal of Public Health*, 1959 (49): 786 – 792.

［152］ Cutler D M, Deaton A S, Leras – Muney A. The determinants of mortality ［J］. *Journal of Economic Perspectives*, 2006 (3): 97 – 120.

［153］ Nils Gutacker, Luigi Siciliani, Giuseppe Moscelli, Hugh Gravelle. Choice of hospital: Which type of quality matters? ［J］. *Journal of Health Economics*, 2016 (50): 230 – 246.

［154］ Ethan M. J. Lieber. Does health insurance coverage fall when nonprofit insurers become for-profits? ［J］. *Journal of Health Economics*, 2018 (57): 75 – 88.

［155］ Gawain Heckley, Ulf – G. Gerdtham, Gustav Kjellsson. A general method for decomposing the causes of socioeconomic inequality in health ［J］. *Journal of Health Economics*, 2016 (48): 89 – 106.

［156］ Henry Y. Mak. Managing imperfect competition by pay for performance and reference pricing ［J］. *Journal of Health Economics*, 2018 (57): 131 – 146.

［157］ Sophie Witter, Tim Ensor, Matthew Jowett, Robin Thompson. *Health Economics for Developing Countries: A Practical Guide* ［M］. Amsterdam: Royal Tropical Institute, Amsterdam KIT Publishers, 2010.

［158］ Karim Abouelmehdi, Abderrahim BeniHessane, Hayat Khalouf. Big healthcare data: preserving security and privacy ［J］. *Journal of Big data*, 2018, 5 (1): 1 –18.